한국의 환상동화 3

Mythes et Héros légendaires de Corée

Direction du projet : Rodolphe Meidinger
Coordination générale : Rhee Eun-mee, Ko Bong-mann
Traduction coréenne : Lee Hae-ran
Correction du coréen : Gil Hye-yeon
Coordination d'édition : Shin Jung-min

천지왕
Le roi du ciel et de la terre
번역. 홍혜원 Hong Hye-won
이중재 Lee Joong-jae
그림. Marcela Dvořáková

단군 신화
La légende de Tangun
번역. 유원경 Yu Won-kyeong
유하경 Yu Ha-kyeong
그림. 이승복 Lee Seung-bok

경문왕의 귀
Les oreilles du roi Kyongmun
번역. 이한나 Lee Han-na
이정진 Lee Jeong-jin
박민지 Park Min-ji
그림. Marcela Dvořáková

박 씨 부인 전설
La légende de Madame Park
번역. 신인수 Shin In-soo
김서영 Kim Seo-young
그림. 정다정 Jung Da-jung

해와 달
Le soleil et la lune
번역. 박은영 Park Eun-young
백상미 Bak Sang-mi
김연희 Kim Yeon-hee
이소영 Lee So-young
그림. 박해도 Park Hae-do

주몽 신화
La légende de Jumong
번역. 우지윤 Woo Ji-youn
천현서 Cheon Hyun-seo
그림. 김연경 Kim Yeon-kyoung

효녀심청 이야기
L'histoire de la pauvre Simcheon
번역. 김미경 kim Mi-kyoung
최윤정 Choi Yoon-jeong
이가연 Yi Ga-yeon
이보람 Yi Bo-ram
그림. 박해도 Park Hae-do

안용복 전설
La légende d'Ahn Yongbok
번역. 이중재 Lee Joong-jae
이제혁 Lee Je-hyuk
그림. Marcela Dvořáková

견우와 직녀
Le bouvier et la tisserande
번역. 조두리 Jo Du-ri
박소영 Park So-young
홍효식 Hong Hyo-sick
그림. 김정희 Kim Jeong-hee

박혁거세 전설
La légende de Park Hyeok Goesae
번역. 박현정 Park Hyun-jung
조정민 Cho Jeong-min
박인수 Park In-su
이재혁 Lee Je-hyuk
그림. 김정희 Kim Jeong-hee

홍길동 전설
La légende de Hong Kiltong
번역. 박인수 Park In-su
강예지 Kang Ye-ji
그림. 최명숙 Choi Myeong-suk

말 안 듣는 청개구리
La tombe de la grenouille bleue
번역. 이소은 Lee So-eun
김유빈 Kim Yu-bin
신지나 Shin Ji-na
그림. 김연경 Kim Yeon-kyoung

바보온달 전설
La légende de Ondal le sot
번역. 배근혜 Bae Keun-hye
윤해정 Youn Hyeon-jeong
정미나 Jeong Mi-na
그림. 이승복 Lee Seung-bok

이순신 장군
La légende de L'Amiral Yi Sunshin
번역. 이해란 Lee Hae-ran
한은경 Han Eun-kyung
그림. 차예원 Cha Ye-won

한국의 환상동화
저자. 로돌프 메댕제
발행처. 충북대학교 출판부
발행인. 윤여표
주소. 28644 충북 청주시 서원구 충대로 1
전화. 043)261-2952, 3014
팩스. 043)274-1256
이메일. presscbu@chungbuk.ac.kr
등록. 제1983-2001-7호
초판1쇄. 2016.2.28.
인쇄처. 삼성디자인기획
디자인. 오브(김미진, 박슬아)

충북대학교 출판부 2016, printed in KOREA
ISBN 978-89-7295-239-8 04810

값 35,000원

한국의 영웅신화 3

Mythes et Héros légendaires de Corée

Rodolphe Meidinger
충북대학교 불어불문학과

CBNU BOOKS

Préface

Les couleurs, les parfums, les saveurs, la musique même, tout comme la douceur ou la rudesse d'un peuple se devinent à travers ses contes, ses mythes et ses légendes.

Ces histoires ont voyagé au fil du temps, de générations en générations depuis l'aube des temps.

Elles nous racontent comment l'univers a pris forme, comment la terre est devenue monde, comment l'Homme est devenu humain.

Et précisément ici, dans ces récits coréens, ce qui fait toute l'unicité de l'âme coréenne dans l'universalisme de l'humanité.

Car chacun le sait, les mythes et les légendes sont universaux : on les retrouve dans tous les groupes humains, toutes les sociétés, toutes les civilisations.

Toutefois, en lisant les histoires, et les exploits de leurs héros que nous avons regroupés dans ce présent recueil, grâce aux travaux d'écriture de nos étudiants, le lecteur pourra percevoir ce halo, cette émanation subtile visible aux seuls initiés, qui constitue l'aura du peuple coréen.

Ces textes racontés en français, puis retranscrits dans leur langue maternelle par Lee Haeran (이해란), une de nos étudiantes qui se destine à la traduction, ont été par la suite sublimés par les élèves des ateliers de sumughwa (수묵화, 水墨畫), encre et lavis orientaux de Yun Duk Ja (윤덕자) ; et pour la dernière histoire de ce recueil, de l'atelier de minhwa (민화, 民畵), images d'art populaire coréen de Han Young Hee (한영희).

Ainsi pour la troisième fois, l'Université Nationale de Chungbuk et son département de langue et de littérature françaises sont heureux et fiers de présenter un ouvrage, bilingue franco-coréen, qui rassemble dans ses pages certains des plus beaux éléments de l'histoire et de la culture coréennes.

Rodolphe Meidinger, octobre 2015

서문

한 민족의 설화, 신화, 전설을 통해 민족의 색, 향기, 맛, 음악을 짐작할 수 있는 것 처럼, 그 민족의 온화하거나 거친 성격도 짐작할 수 있습니다.

이 이야기들은 태초로부터 세대에서 세대로 이어져, 시간을 따라 여행했습니다.

우주의 모습은 어떻게 생겨났는지, 땅은 어떻게 인간 세상이 되었는지, 인간은 어떻게 인간다워졌는지 이야기해 주고 있습니다.

정확히 말해서, 이는, 여기에 실린 한국의 이야기들 속에서, 인류의 보편성을 벗어나지 않은 한민족 정신의 유일성을 만들어 냅니다.

누구나 아는 것처럼, 신화와 전설은 보편적인 것이기 때문입니다. 그것은 모든 인간 집단, 사회, 문명에서 찾아볼 수 있습니다.

하지만, 우리 학생들의 쓰기 작업 덕택으로 이 책에 모은 주인공들의 이야기와 업적들을 읽노라면, 독자는, 전문가들에게만 보이는 섬세한 후광이 발산되는 것을 볼 수 있을 것이며 이것이야말로 한민족의 독특한 분위기를 형성하는 것입니다.

프랑스어로 이야기하고, 번역가를 지망하는 이해란 님이 자신의 모국어로 다시 옮겨 쓴 이 텍스트는, 윤덕자 님의 수묵화 화실 학생들의 작업으로 돋보이게 되었고, 이 책의 마지막 이야기의 그림은 한영희 님의 민화 작품입니다.

충북대학교와 동 대학의 불어불문학과는, 이렇게 한국의 역사와 문화에서 가장 아름다운 이야기 몇 편을 모은, 한불 2개 국어로 쓴 한 권의 책을, 세 번째로 소개하게 됨을 기쁘고 자랑스럽게 생각합니다.

2015. 10

로돌프 메뎅제

차례
Sommaire

Cheon-ji Wang (천지왕, 天地王) : ce nom signifie le roi du ciel et de la terre

Dame Cheong-myeong, la signification de ce nom est Lumière-pure. C*heong* (청, 靑) signifie : bleu, clair, ou pur et *myeong* (명,明) : lumière.

Les noms de Dae-seong (대성, 大星) et So-seong (소성, 小星), les enfants de Dame Cheong-myeong, signifient respectivement Grande-étoile et Petite-étoile.

천지왕
Le roi du ciel et de la terre

프랑스어 번역 홍혜원 Hong Hye-won, 이중재 Lee Joong-jae
그림 Marcela Dvořáková

처음에, 세상은 혼란스러웠고 모든 것은 거대한 소용돌이 속에 뒤섞여 있었어요. 하지만 어느 날, 세상은 둘로 나뉘어졌고 하늘은 땅과 떨어지게 되었죠. 하늘에서는 푸른 이슬이 떨어졌고 땅에서는 검은 이슬이 솟았어요. 이슬들이 섞이자 만물이 만들어졌지요.

당시, 세상에는 아직 해도 없었어요. 하지만 아침이면, 하늘의 수탉이 목을 내밀었고, 땅의 수탉은 날개를 펼쳤으며, 사람들의 수탉은 꼬리를 흔들었는데, 그러면 날이 밝은 것이었죠.

Au début, le monde était dans le chaos et tout se confondait dans un gigantesque maelström. Mais un jour, ce monde se divisa en deux et le ciel se sépara de la terre. Du ciel, tomba la rosée bleue et de la terre, jaillit la rosée noire. Lorsque ces rosées se mêlèrent, toute la création se forma.

En ce temps-là, le monde n'avait pas encore de soleil. Mais un matin, le coq du ciel tendit son cou, le coq de la terre déploya ses ailes et le coq des hommes agita sa queue : le jour se leva.

하늘의 황제 천지왕은 두 개의 해와 두 개의 달을 만들어냈어요. 낮에는 두 개의 해에서 나온 뜨거운 빛이 땅을 불태웠고, 그 곳의 공기는 숨이 막혔지요. 그러나 밤공기는 얼음처럼 차가웠는데 두 개의 달이, 냉랭한 빛으로 땅을 얼렸기 때문이었어요. 이렇게 세상은 깊은 혼란 속에 잠겨있었지요.

Cheon-ji Wang, l'empereur céleste, créa deux soleils et deux lunes. Durant le jour, les rayons ardents des deux soleils brûlaient la terre et l'air y était suffoquant. Mais l'atmosphère de la nuit était glaciale, car les deux lunes, de leurs rayons de glace, gelaient la terre. Ainsi, le monde était plongé dans un profond trouble.

어느 날, 하늘의 황제는 인간 세상에서 살고 있는 총명부인의 뛰어난 아름다움에 대한 소문을 들었어요. 그래서 천지왕은 그 부인과 결혼하기 위해 땅으로 내려왔지요. 자신의 왕국 중천으로 되돌아가기 전에, 천지왕은 총명부인에게 호리병박 씨앗이 든 작은 주머니를 주면서 부탁했어요.

"당신은 두 아들을 낳을 것이오. 그 아이들을 대성과 소성이라 불러주오. 아이들이 아버지가 누구냐고 물어보면, 대답 대신, 이 씨앗을 주시오. 아이들에게 정성을 다해 씨앗을 심으라고 말해주오. 이 씨앗에서 하늘나라까지 자라는 식물의 싹이 나올 것이오. 만약 아들들이 나를 만나고 싶다면, 이 식물의 줄기를 타고 오르기만 하면 되오."

몇 달 후에, 총명부인은 배가 둥그렇게 아주 둥그렇게 부르더니 쌍동이를 낳았어요. 어른이 된 두 사내아이들은 당연하게도 어머니께 아버지에 대해 물어 보았지요.

어머니가 대답했어요.

"너희들의 아버지는 평범한 분이 아니시란다. 아버지는 하늘과 땅을 다스리시는 하늘의 황제이셔. 너희가 아버지와 만나길 원한다면, 이 씨앗을 정성껏 심으면 된단다. 이 씨앗이 너희에게 길을 내줄 거야."

Un jour, l'empereur céleste entendit parler de la beauté extraordinaire de Dame Chong-myeong qui vivait dans le monde des vivants. Il descendit alors sur terre pour s'unir avec elle. Avant de repartir au zénith vers son royaume, Cheon-ji Wang lui donna un petit sac contenant une graine de calebasse et il lui confia :

– Tu enfanteras deux fils. Tu les appelleras Dae-seong et So-seong. Quand les enfants demanderont qui est leur père, en guise de réponse, tu leur donneras cette graine. Tu leur diras de la semer avec amour. Il en sortira une plante qui poussera vers le firmament. Si mes fils veulent me voir, ils n'auront qu'à grimper à la tige de cette plante.

Quelques mois plus tard, Dame Chong-myeong devint ronde, si ronde qu'elle enfanta des jumeaux. Inévitablement, les deux garçons, devenus grands, interrogèrent leur mère sur leur père.

– Votre père, répondit la femme, n'est pas une personne ordinaire. Votre père est l'empereur céleste qui règne sur le ciel et la terre. Si vous voulez le rencontrer, semez avec amour cette graine. Elle vous donnera la voie.

형제는 호리병박 씨앗을 심었어요. 땅에 물을 주니 씨앗이 싹텄고, 그 작은 새싹은 땅 위로 솟아났죠. 형제는 호리병박을 정성을 다해 키웠어요. 낮에는 햇볕의 열기를 막아주고 밤에는 살을 에는 추위를 막아주었지요. 호리병박은 차츰 자라나, 줄기와 잎사귀를 하늘 가득히 피어 올리더니 그 끝이 구름 속으로 사라져 보이지 않게 되었죠.

형제는 아버지를 만나러 긴 줄기를 타고 올라갔어요. 정상에 도착해서, 형제는 구름 속에서 모습을 드러낸 호화로운 궁전을 발견했지요. 형제는 여기서 그들의 아버지, 하늘의 황제인 천지왕을 만났어요.

"내 아들들아, 마침내 너희들을 만나게 되어 기쁘구나. 이제 너희도 우주를 다스리는 일에 참여할 때가 되었다. 너, 대성아, 너에게는 살아있는 사람들과 땅 위에서 움직이는 모든 생물들의 세상을 맡기겠다. 너, 소성아, 너는 어둠과 죽음의 지하세계를 다스리거라. 내 결정이 이러하니, 반대로 할 생각은 말아라."

Les frères plantèrent la graine de calebasse. Ils arrosèrent la terre, la graine germa, une petite plantule émergea du sol. Ils la cultivèrent avec amour, la protégeant des brûlures des soleils le jour et des morsures du gel la nuit. Peu à peu, le calebassier s'épanouit, lança sa tige et ses feuilles à la conquête du ciel pour se perdre dans les nues.

Les deux frères grimpèrent le long du tronc à la rencontre de leur père. Arrivés au sommet, ils découvrirent un magnifique palais qui émergeait des nuages. Là, ils y rencontrèrent leur père Cheon-ji Wang, l'empereur céleste.

– Mes fils, je suis heureux de vous voir enfin. Il est temps pour vous de participer à la gouvernance de l'univers. A toi, Dae-seong, je te confie le monde des vivants et de ceux qui se déplacent sur terre. Toi, So-seong, tu gouverneras le monde souterrain des ombres et des morts. Telle est ma décision, et ne vous avisez pas de faire le contraire.

하늘의 황제는 말했지만, 소성은 만족하지 않았어요. 소성은 아버지의 결정이 부당하다고 생각했죠.

그래서, 소성은 형에게 내기를 제안했어요.

"어머니의 마당을 두 개로 나누어 각자 자기 땅에서 꽃을 키우는 거예요. 싹을 가장 예쁘게 꽃피우는 쪽이 역시, 살아있는 사람들의 세계를 다스릴 수 있을 만큼 순수한 마음을 가진 것이겠죠. 싹이 달을 채우지 못하고 시드는 쪽이 지옥을 다스리는 것으로 해요."

무엇보다도 동생을 좋아하는 대성은 거기에 반대하고 싶지 않았어요. 그래서, 대성은 내기를 받아들였죠.

형제는 같은 날에 씨를 뿌렸어요. 매일 저녁 같은 시간에, 각자의 꽃에 물을 주었죠. 하지만 냉혹하게도, 대성이 심은 꽃들의 싹이 더 예쁘고 탐스러웠어요. 그래서 어느날 밤, 운도 따라주지 않는 소성은 형의 식물을 뿌리 채 뽑아서 자신의 것과 바꿔 놓고 말았지요. 대성은 동생이 꽃들을 옮겼을 것이라 짐작했어요. 하지만 대성은 세상 무엇보다 동생을 아꼈기 때문에, 아무 말도 하지 않았죠. 대성은 지옥의 왕위에 오르는 것을 받아들였고, 동생이 지상 세계를 다스리도록 내버려두었어요.

L'empereur du ciel avait parlé, mais So-seong n'était pas satisfait. Il trouvait la décision de son père injuste.

Alors, il proposa un pari à son frère :

– Partageons le jardin de notre mère en deux parcelles et cultivons des fleurs chacun de notre côté. Celui, dont les bourgeons donneront la plus belle floraison, aura également le cœur assez pur pour gouverner le monde des vivants. Celui, dont les bourgeons faneront avant terme, règnera sur les enfers.

Dae-seong, qui aimait son frère plus que tout, ne voulut pas le contrarier. Alors, il accepta le pari.

Les deux frères semèrent le même jour. Ils arrosèrent leurs fleurs tous les soirs à la même heure. Mais inexorablement, les bourgeons des fleurs de Dae-seong étaient les plus beaux et les plus gros. Alors, une nuit, So-seong, à qui le destin refusait de sourire, arracha les plantes de son frère et les échangea contre les siens. Dae-seong se douta bien que son frère avait déplacé les fleurs. Mais comme il aimait son frère plus que tout, il ne dit rien. Il accepta de monter sur le trône des enfers et laissa son frère régner sur terre.

두 개의 해는 계속해서 낮을 불태웠고, 두 개의 달은 밤을 다 얼려버렸죠. 소성은 땅 위를 두루 돌아다녔지만, 다스릴 수 없었어요. 그 때엔 살아있는 모든 생물에게 말을 하는 능력이 있었어요. 식물, 동물 그리고 사람이 말할 수 있었지요. 모두 각자 다른 종들을 질투해서, 인정사정 없는 싸움이 벌어졌어요. 죽은 사람들조차도 지옥에 가고 싶어 하지 않아, 그들의 영혼은 살아있는 사람들의 세상을 떠나지 않았죠. 혼돈, 무질서와 잔인함이 군림하는 세상이었어요. 소성은 거기서 아무것도 할 수 없었어요. 소성은 자신이 바라던 만큼 이 세상을 다스릴 능력이 없었거든요. 그래서 소성은 대성을 불렀어요.

"대성 형님, 대성 형님……. 저를 도와주세요! 불과 얼음의 세상 속에서는, 모든 것이 고통뿐이에요. 저는 사람들의 기도와 애원을 구별하지 못하겠어요. 식물과 동물의 말들이 뒤섞여있으니까요. 이런 혼란 속에서, 죽은 사람들의 영혼은 지상을 떠나지 않겠다고 하고요. 이 혼돈을 바로 잡아 질서를 세울 수 있도록 도와주세요."

대성은 여전히 소성을 좋아했기 때문에 땅으로 다시 돌아왔어요. 하지만 지친 대성은 소성에게 말했지요.

"소성아, 우리는 아버지의 믿음을 저버렸어. 네 말을 들어주는 것도 이번이 마지막이야."

Les deux soleils continuaient à brûler les jours et les deux lunes à glacer les nuits. So-seong parcourut la terre, mais il n'arriva pas à gouverner. En ce temps-là, tout ce qui vivait était doué de parole. Plantes, animaux et humains pouvaient parler. Chacune des espèces jalousait les autres et se livrait un combat sans merci. Les morts, eux même, ne voulaient pas partir aux enfers et leur âme continuait à hanter le monde des vivants. La confusion, le chaos et la cruauté dominaient en maître. So-seong ne pouvait rien y faire. Il était incapable de gouverner le monde comme il le souhaitait. Alors, il appela son frère.

– Dae-seong ... Dae-seong ... Aide moi ! Dans ce monde de feu et de glace, tout n'est que douleur. Je ne peux distinguer les prières et les supplications des hommes. Elles se fondent dans les paroles des plantes et des animaux. Dans cette confusion, les esprits des morts refusent de quitter la terre. Aide-moi à corriger ce chaos et à instaurer l'ordre.

Dae-seong revint sur terre car il aimait toujours son frère. Mais lassé, il lui dit :

– So-seong, nous avons trop abusé de la confiance de notre père. C'est la dernière fois, que je t'écoute.

그런 다음, 대성은 활시위를 두 번 당겼어요. 한 발은 해를 뚫었고 또 한 발은 달을 꿰뚫어 화살에 맞은 해와 달은 바다로 떨어졌지요. 그러자, 세상은 살기에 쾌적한 곳이 되었어요. 그 다음으로 대성은 무게를 달아 귀신들과 사람들을 분리했지요. 너무 가벼워서 저울이 흔들리지 않는 모든 인간들에게 자신이 다스리는 어둠의 지하 세계로 가라고 명령했어요. 마지막으로, 대성은 소나무 가루를 땅에 흩뿌렸어요. 그 가루는 식물과 동물들의 혀를 마비시켜 사람들만이 말을 할 수 있게 되었죠.

대성은 임무를 마치고, 지옥으로 다시 돌아갔어요. 그러나 대성은 사람들의 삶을 위해서는 아무 일도 하지 않았고, 그래서 그들의 불화와 싸움은 오늘날까지 끈질기게 계속되고 있는 것이지요.

Puis, Dae-seong banda son arc à deux reprises. Une flèche perça un soleil, une autre une lune et les deux astres touchés tombèrent dans la mer. Dès lors, le monde devint un lieu agréable à vivre. Ensuite, Dae-seong sépara les hommes des fantômes en les pesant. A toutes les créatures trop légères pour faire osciller la balance, il leur ordonna de se rendre sous terre, au royaume des ombres dont il tenait le ministère. Enfin, il saupoudra la terre de résine de pin. Il paralysa ainsi la langue des plantes et celles des animaux, de sorte que seuls les gens purent parler.

Quand Dae-seong eut achevé ces tâches, il retourna aux enfers. Mais puisqu'il ne fit rien pour la vie des êtres humains, leurs discordes et leurs conflits perdurent jusqu'à nos jours.

Un *li* (리) correspond à peu près à 400 mètres.

Aïgo (아이고) est dans la langue coréenne, une interjection de surprise ou de dépit.

Dal (달) signifie la lune et « *Hae* » (해) signifie le soleil.

해와 달
Le soleil et la lune

프랑스어 번역 박은영 Park Eun-young, 백상미 Bak Sang-mi, 김연희 Kim Yeon-hee, 이소영 Lee So-young
그림 박해도 Park Hae-do

옛날도 아주 오랜 옛날에는, 해도 달도 없었대요. 세상을 밝혀 주는 작은 별 하나 없는 밤이 낮에도 계속 되었지요.

어느 산 속에, 엄마와 세 명의 어린 자녀들이 살았어요. 첫째는 달순이, 둘째는 해식이였고, 막내 성룡이는 이제 겨우 갓난아기였어요. 집안 형편이 어려워서, 엄마는 이웃 마을에 떡을 팔아 생계를 유지했죠. 어느 날, 엄마는 첫째와 둘째에게 신신당부 했어요.

"얘들아 막냇동생을 잘 보살펴다오. 엄마는 늦은 밤에나 돌아올 것 같구나. 호랑이를 조심하고 누구에게도 문을 절대 열어주지 말아라!"

엄마 말씀을 잘 듣는 오누이는 대답했어요.

"네 엄마! 명심 할 게요. 그리고 호랑이한테는 무슨 일이 있어도 문 열어주지 않을 거예요!"

Il y a de cela fort longtemps, ni le soleil, ni la lune n'existaient. Les nuits succédaient aux jours sans qu'aucun astre ne vienne éclairer le monde. Une mère et ses trois petits enfants vivaient dans une montagne. Dalsoun, la fille, était l'aînée, son petit-frère s'appelait Haisik, et le petit dernier, Seong-ryong, n'était qu'un nourrisson. Comme la famille n'avait aucune richesse, la pauvre femme devait vendre des gâteaux de riz dans les villages voisins. Un jour, elle dit à ses ainés :

– Les enfants, occupez-vous de votre petit frère, je reviendrai tard ce soir. Prenez garde au tigre et surtout ne laissez entrer personne !

Comme le frère et la sœur étaient des enfants obéissants, ils répondirent :

– D'accord maman ! Nous ferons comme tu nous dis et nous n'ouvrirons pas au tigre.

길고 긴 하루 끝에, 엄마는 지친 몸을 이끌며 집으로 돌아오고 있었어요. 엄마는 떡 몇 조각을 잘 챙겨두었다가, 아이들을 주려고 바구니에 넣어 놓았었죠. 하늘은 황혼으로 붉게 물들고 산은 더욱 음산해 보이기만 했어요.

갑자기, 길모퉁이에서 굶주린 호랑이 한 마리가 엄마 앞으로 불쑥 튀어나왔어요. 엄마는 무시무시한 짐승에게 살려달라고 애원했죠.

"호랑이 나리, 제발 부탁드립니다. 목숨만 살려주세요. 저를 잡아먹으시면 아이들은 어찌 되겠습니까?"

맹수는, "소쿠리에 무얼 담아 가지고 가는 게냐?" 하고 물었어요.

가엾은 엄마는, "아이들을 먹일 떡 몇 개가 있습니다."라고 대답했어요.

"살고 싶으면 떡 하나 다오! 그러면 놓아줄 것이다." 호랑이는 그렇게 으르렁거렸어요.

그래서 엄마는 호랑이에게 떡 하나를 주었지요.

Après une longue journée de labeur, la pauvre femme s'en retournait chez elle. Elle avait pris soin de garder quelques gâteaux de riz, qu'elle avait glissés dans son panier pour ses enfants. Le soir empourprait le ciel, la montagne n'en paraissait que plus inquiétante. Tout à coup, au détour du chemin, un tigre affamé surgit devant elle. Elle implora la terrifiante bête de l'épargner :

– Maître Tigre, je vous en supplie, laissez-moi la vie sauve, que deviendront mes enfants si vous me dévorez ?

– Que transportes-tu dans ton panier ? demanda le fauve.

– J'ai là quelques gâteaux de riz pour mes enfants, répondit la pauvre femme.

– Si tu veux vivre, donne-moi un gâteau de riz ! Et tu en seras quitte, feula l'animal.

Alors, elle lui donna un de ses gâteaux de riz.

가련한 엄마는 가던 길을 계속 가는데, 다음 고개에서 호랑이가 다시 나타나더니 목숨을 살려주는 대신 떡 한 개를 또 내놓으라 하는 것이었어요.

산모퉁이 바윗길에서, 숲 가장자리 언덕길에서, 그러니까 1리를 지날 때 마다 이 짐승이 나타나서는 엄마에게서 떡을 빼앗아가는 바람에 소쿠리는 텅 비어 버렸지요. 호랑이는 튀어나온 날카로운 송곳니들을 드러내 보이고는 마지막으로 남은 떡을 요구했고, 가련한 엄마는 간청 했어요.

"호랑이 나리, 이제 더 이상 떡이 없어요. 제발 저를 측은하게 여겨주세요."

하지만 이 무자비한 짐승은 화를 냈죠.

"그러면 네 몸통 양쪽에 달려있는 건 무엇이냐?"

"팔이예요." 엄마가 대답했어요.

"흠.. 팔 하나 주면 놓아 줄 테니, 가도 돼." 호랑이가 대답했어요.

"하지만 호랑이 나리, 팔을 드리면 저는 어떻게 일을 할 수 있겠어요?"

"너에게 다른 팔이 남아 있으니, 그거면 충분하지!" 할 수 없이 엄마는 호랑이에게 팔을 내주었지요.

La pauvre femme poursuivit son chemin, mais au virage suivant, le tigre surgit de nouveau, lui réclamant un autre gâteau de riz en échange de sa vie. Ainsi de virages en rochers, de collines en orées de bois, pour ainsi dire à chaque li, la bête la rançonna tant et si bien que son panier devint vide. Lorsque le tigre pointa ses crocs la fois suivante, demandant un ultime gâteau de riz, la pauvre mère implora :

– Maître Tigre, je n'en ai plus ! Ayez pitié de moi, s'il vous plaît.

Mais la bête gronda :

– Qu'elles sont-donc ces choses qui pendent de chaque côté de ton corps ?

– Ce sont mes bras, répondit la femme.

– Hum, si tu m'en donnes un, je te laisserai aller et tu en seras quitte, fit l'animal.

– Mais maître Tigre, si je vous donne mon bras, comment ferai-je pour travailler ?

– Il t'en restera un, c'est bien suffisant ! répliqua le tigre. Alors, elle lui donna un de ses bras.

조금 더 가니, 호랑이는 또 남은 팔도 요구했어요. 엄마는 호랑이를 설득해보았지만 소용이 없었어요. 호랑이가 말했지요.

"집에 걸어가는 데 팔은 필요 없잖아. 그걸 주면 놓아 줄게."

별다른 수 없이, 엄마는 남은 팔마저 빼앗기고 말았어요.

조금 더 가니, 호랑이가 다시 튀어 나왔지요. 엄마는 절망에 빠졌어요.

"호랑이 나리, 제발, 저를 어여삐 여겨주세요. 제가 가지고 있던 떡 전부와 저의 왼팔, 오른팔마저도 드셨잖아요. 뭘 더 원하시나요?"

"네 몸통 아래 움직이는 것들이 무엇이더냐?" 그 짐승이 물었어요.

"다리예요." 엄마가 대답했어요.

"다리 하나 주면 놓아 줄 테니 가도 돼."

"호랑이 나리, 제발……. 저를 가엾게 여겨주세요. 한 쪽 다리를 드리면 저는 어떻게 아이들 곁으로 돌아가나요?"

"그래도 다리 하나가 남아있지 않느냐. 그거면 충분하지!" 호랑이가 대답했어요. 그래서 엄마는 다리 하나를 내어주고 말았죠.

Plus loin, le tigre surgit encore, et lui réclama son deuxième bras. Alors que la femme tentait en vain de l'en dissuader, le tigre dit :

– Finalement, tu n'as pas besoin de ce deuxième bras pour rentrer chez toi, donne-le-moi et tu en seras quitte.

Alors, la femme lui donna son deuxième bras.

Plus loin, le tigre surgit encore, la femme en était désespérée :

– Maître tigre, ayez pitié de moi, s'il vous plaît, vous avez mangé tous mes gâteaux de riz, vous avez mangé mon bras gauche et mon bras droit. Que me voulez-vous encore ?

– Quelles sont ces choses qui bougent sous ton corps ? demanda la bête.

– Ce sont mes jambes, répondit la femme.

– Si tu m'en donnes une, je te laisserai aller et tu en seras quitte…

– Mais maître Tigre, ayez pitié de moi, s'il vous plaît, si je vous donne une jambe, comment ferai-je pour retrouver mes enfants ?

– Il t'en restera une, c'est bien suffisant ! répondit le tigre. Alors, elle lui donna une de ses jambes.

한 쪽 발로 콩콩 뛰어 조금 더 나아갔을 때, 호랑이가 또 다시 불쑥 튀어나와 불쌍한 엄마에게 남은 다리마저도 요구했어요.

"호랑이 나리, 제발, 저를 가엾게 여겨주세요. 나리는 제가 가지고 있던 모든 떡과 왼쪽, 오른쪽 팔과 왼쪽 다리마저 드셨잖아요. 가야할 길이 아직도 많이 남아있는데, 나리께서 마지막 다리마저 드시면 저는 아이들을 어떻게 만날 수 있을까요?"

"기어갈 수 있지 않느냐. 그거면 충분하지!" 호랑이가 반박했어요.

어쩔 수 없이 엄마는 남아있던 다리도 내 주고 말았죠.

하지만 몇 미터 더 가서, 호랑이는 결국 엄마의 남은 몸을 덮쳐 집어 삼키고 말았어요.

호랑이는 떡을 다 먹고 엄마도 조각내어 와작와작 씹어 먹어버렸지만, 아직도 배가 고팠죠. 그래서 호랑이는 아이들도 잡아먹을 수 있겠다고 생각했어요.

Plus loin, alors que la pauvre femme sautillait à cloche pied sur le chemin, le tigre apparut encore une fois et lui réclama sa deuxième jambe.

– Maître Tigre, ayez pitié de moi, s'il vous plaît, vous avez mangé tous mes gâteaux de riz, vous avez mangé mon bras gauche et mon bras droit, vous avez mangé ma jambe gauche. Mon chemin est encore long, si vous emportez ma deuxième jambe, comment ferai-je pour retrouver mes enfants ?

– Tu pourras toujours ramper, c'est bien suffisant ! répondit le tigre.

Alors, elle lui donna sa deuxième jambe.

Mais quelques mètres plus loin, le tigre se jeta sur ce qui restait de la pauvre femme et la dévora.

Le Tigre avait mangé tous les gâteaux de riz et avait croqué la mère morceau par morceau, mais il avait encore faim. Alors, il pensa qu'il pourrait aussi manger ses enfants.

그래서 호랑이는 엄마의 옷을 입고 소쿠리 바닥에 남은 쌀가루를 발바닥에 묻혔어요. 호랑이는 엄마를 기다리는 아이들이 있는 초가집에 도착해서, 창호지 문을 두드리고는 할 수 있는 한 가장 부드러운 목소리로 말했지요.

"얘들아! 엄마가 너희들 주려고 맛난 떡을 남겨왔단다. 그러니 어서! 빨리 문을 열어주렴!"

아들이 대답했어요. "좀 이상해요. 우리 엄마 목소리가 아닌 것 같아요."

누이가 고개를 끄덕였어요. "맞아. 엄마 목소리가 아니야. 무서워……." "아니란다. 엄마가 감기에 걸려서 그래. 그러니 어서 문을 열어주렴" 호랑이가 변명했어요.

"문으로 손을 넣어 보여 달라고 해. 우리 엄마인지 아닌지 알 수 있을 거야" 누이가 말했어요.

이 말을 엿들은 호랑이가 발톱으로 창호지에 구멍을 내서 발을 넣으며 말했지요.

"자, 손을 좀 보렴. 엄마가 일을 많이 해서 손이 좀 까칠하지! 하지만 정말 엄마란다. 그 위에 묻은 쌀가루를 보렴. 자, 이젠 엄마가 이 맛있는 떡을 줄 수 있게 문 좀 열어다오."

Le Tigre mit les vêtements de la pauvre femme, frotta ses pattes dans ce qui restait de farine de riz au fond du panier. Quand il arriva à la chaumière où les enfants attendaient leur mère, il frappa à la porte de papier, prit sa voix la plus doucereuse et dit :

– Les enfants ! C'est votre mère qui revient, je vous ai apporté de délicieux gâteaux de riz. Allons donc ! Ouvrez-moi vite !

Le frère répondit :

– C'est bizarre, ce n'est pas la voix de notre mère.

La sœur acquiesça :

– Tu as raison, ce n'est pas la voix de notre maman. J'ai peur.

– C'est que je suis enrhumé, prétexta le tigre. Vite ! Ouvrez-moi !

– Demandons-lui de montrer sa main par la porte et nous verrons bien si c'est notre pauvre mère, dit-l'aîné.

Le Tigre, qui avait tout entendu, perça, avec ses griffes, le papier de la porte et y passa une patte.

– Regardez, mes mains sont rêches parce que j'ai beaucoup travaillé. Mais je suis vraiment votre mère. Regardez la farine de riz qui est dessus. Allons, ouvrez que je vous donne mes délicieux gâteaux de riz.

오랜 망설임 끝에, 달순이는 문을 열었지요. 가짜 엄마는 단번에 집안으로 들이 닥쳐서 아기에게로 돌진했어요. 그리고는 아기를 와작와작 씹어 먹으려고 부엌으로 데려갔죠.

“엄마 뭘 드시고 계세요?” 딸이 물었어요.

“별거 아냐. 그냥 말린 콩이야.” 호랑이가 대답했어요.

바로 그 순간, 딸은 치마 밑으로 삐죽 튀어나온 털이 난 꼬리를 발견했죠. 그리고 호랑이가 아기를 삼키는 모습을 보았어요.

“엄마 저 화장실이 너무 가고 싶어요.” 달순이가 말했어요.

그러자 호랑이가 대답했지요. “방에서 누면 되지”

아이는 “그럼 냄새가 날 텐데요.” 하고 대꾸했죠.

“알겠다. 그럼 서둘러 다녀오거라.”

“밤이 늦어 혼자 가기 무서워요...... 해식이랑 같이 다녀올게요.”

“안돼. 혼자 다녀와. 그리고 문은 열어두거라.”

“저 정말 무서워요. 해식이랑 다녀올게요!”

Après une longue hésitation, Dalsoun ouvrit la porte. Et d'un bond, la fausse maman s'engouffra dans la maison, se précipita sur le bébé, et l'emporta dans la cuisine pour le croquer.

– Maman, que manges-tu, demanda la fille ?

– Rien, ce ne sont que des pois secs, répondit le fauve.

A ce moment-là, la fille remarqua le bout de la queue poilue du tigre qui dépassait sous la jupe de la maman. Et elle vit le tigre dévorant le nourrisson.

– Maman, s'écria la sœur, j'ai grande envie d'aller aux cabinets au fond de la cour.

– Tu n'as qu'à faire dans la chambre, répondit le tigre.

– Mais cela va sentir mauvais, répliqua la petite.

– Alors vas-y, mais dépêche-toi !

– C'est qu'il est tard et que j'ai peur d'y aller seule … Laisse Haisik venir avec moi.

– Non, va seule, tu laisseras la porte ouverte.

– Mais j'ai trop peur ! …Haisik vient avec moi.

이 짐승은 아기를 먹는데 정신이 팔려 아이들이 나가도록 내버려두었어요.

누이와 동생은 전력을 다해서 뒷문으로 빠져나왔고, 마당을 지나, 우물 옆 아주 큰 나무에 빠르게 기어 올라갔지요. 아기를 다 먹어 치운 호랑이는 안달이 나기 시작했어요. 그래서 화장실에 가 아이들이 있는지 확인했죠. 하지만 아무도 없었어요! 그 짐승은 마당을 구석구석 뒤졌고, 마침내 우물 속 물에 비친 두 얼굴을 찾아내고야 말았지요.

"이 망할 것들, 어떻게 우물 안으로 들어갔지?"

깊은 우물에 들어가기 망설여졌던 호랑이는 큰 국자를 집어 들었죠. 호랑이는 아이들을 건져내려고 상냥하게 말을 건네며 국자를 우물 속에 집어넣었어요.

Le fauve, trop occupé à manger le petit bébé, les laissa sortir.

La sœur et le frère s'échappèrent à toutes jambes par la porte de derrière, franchirent la cour et grimpèrent dans le grand arbre qui s'élevait à côté du puits. Au bout d'un moment, le Tigre, qui en avait fini avec le bébé, commença à s'impatienter. Il alla voir au cabinet : personne ! Il fouilla partout dans la cour et finit par trouver le reflet de deux visages dans l'eau au fond du puits.

– Ah maudits enfants, comment êtes-vous donc entrés dans ce puits ?

Hésitant d'entrer dans le puits trop profond, le tigre se saisit d'une grande louche. Il la plongea dans le puits tout en grognant des gentillesses pour faire venir les enfants à lui.

나무 위에서 보고 있자니 그 모습이 너무 우스워서 달순이는 웃음을 터뜨렸어요.

"히히히! 멍청한 호랑이네! 우리가 우물 속에 있는 줄 아나봐……."

"조용히 좀 해! 호랑이가 알아채면 어떡해!"

해식이가 다그쳤어요.

하지만 호랑이는 누이가 킥킥대는 소리를 들어버렸죠. 호랑이는 고개를 들어 으르렁댔어요.

"너희들 나무에 어떻게 올라갔니?"

그러자 해식이가 대답했어요.

"손에 참기름을 바르고 올라왔지요."

La scène était si comique que, du haut de l'arbre, Dalsoun pouffa de rire :

– Hi, hi, hi ! Qu'il est bête, il croit que nous sommes dans le puits…

– Silence ! Il va comprendre ! rétorqua Haisik.

Le Tigre entendit les gloussements de la sœur. Il leva les yeux et feula :

– Comment êtes-vous montés dans cet arbre ?

Alors Haisik répondit :

– Nous avons graissé nos mains avec de l'huile de sésame.

그 말을 듣자마자, 호랑이는 곧장 참기름을 바르려고 부엌으로 갔죠. 그 후에 호랑이는 나무에 오르려고 해 보았지만, 헛수고일 뿐이었어요. 미끌미끌한 발바닥 때문에 발톱은 나무 위에서 미끄러지기만 했지요. 호랑이는 나무에 올라갈 수가 없었어요.

그러자 달순이가 또 비웃었죠.

"히히히 이 멍청한 짐승아. 도끼로 찍으면서 올라오면 여기까지 수월하게 올 수 있는 것도 모르니?"

"아이고! 호랑이가 다 듣겠다!"

해식이가 한숨을 쉬며 말했어요.

하지만 누이의 말을 모두 다 들은 호랑이가 차분하게 화를 삭이고는, 도끼를 가지고 왔지요. 호랑이는 도끼의 도움으로 나무에 오르기 시작했어요. 궁지에 몰린 오누이는 하늘에 애원하기 시작했죠.

"사랑하는 하느님! 저희를 살리시려거든 금 동아줄을 내려주시고, 그게 아니라면 썩은 동아줄을 내려주세요."

Aussitôt dit, aussitôt fait, le Tigre fila dans la cuisine pour y prendre de l'huile de sésame et en graissa ses pattes. Puis, il essaya de grimper à l'arbre. Peine perdue, à cause de ces pattes poisseuses, ses griffes glissaient sur le tronc. Il n'arrivait pas à monter.

– Hi, hi, hi, fit Dalsoun, qu'il est bête, s'il faisait quelques entailles avec une hache, il pourrait facilement grimper jusqu'à nous.

– Aïgo ! Il va comprendre » souffla le frère.

Mais, le Tigre qui avait entendu les paroles de la sœur, fonça à la remise et en revint avec une hache. Alors, il commença à grimper grâce à la hache. Se voyant perdus, le frère et la sœur se mirent à prier et implorèrent le ciel :

– Ciel bien aimé ! Si vous souhaitez nous sauver, faites glisser jusqu'à nous une corde en or, s'il vous plaît. Si non, jetez nous une corde pourrie.

그러자 하늘에서 금으로 된 동아줄이 내려왔어요. 오누이는 이 줄을 타고 하늘로 올라갔지요. 이 모습을 지켜본 호랑이가 하느님께 명령했어요.

"하느님! 저도 금동아 줄을 원해요. 저에게도 어서 줄을 내려줘요!"

그러자 썩은 밧줄이 호랑이를 향해 내려왔어요. 잔뜩 화가 난 호랑이는 그 밧줄을 움켜쥐었지만 올라가는 도중에 그 밧줄이 툭 끊기고 말았죠. 호랑이는 곧장 수수밭으로 떨어졌고, 그 자리에서 죽었어요. 호랑이의 피가 수수 잎을 물들였는데, 그 날 이후로 수수는 붉은 색이 되었지요.

아이들이 하늘에 무사히 도착한 후 하늘과 땅을 통치하는 옥황상제가 아이들에게 말했어요.

"하늘에서는 일하지 않고는 살 수 없단다. 아들아, 넌 해가 되어 일하고, 딸아, 넌 달이 되어 일을 해라."

그리하여 달순이는 달이 되었고, 해식이는 해가 되었어요. 하지만, 달순이가 깜깜한 밤에 혼자 있는 것을 무서워했기 때문에 해식이는 자리를 바꾸어 주었어요. 이후로 오누이는 밤낮으로 세상을 환하게 비춰주고 있지요.

Soudain, une corde en or descendit vers eux. Ils s'en saisirent et s'élevèrent vers le ciel. Le Tigre, voyant cela, ordonna au ciel :

– Ciel ! Moi aussi je veux une corde en or. Donnez-moi vite une corde en or !

Et alors, une corde pourrie descendit vers lui. Plein de rage, il s'en saisit et quand il fut à mi-chemin du ciel, la corde se rompit. Le Tigre tomba dans un champ de sorgho et mourut. Le sang du tigre tacha les herbes de sorgho et depuis ce jour, elles sont de couleur rouge.

Quant aux enfants, une fois arrivés au ciel, l'empereur de jade qui gouverne le ciel et la terre, leur dit :

– Au ciel, on ne vit pas sans travailler, toi le garçon, tu seras le soleil et toi, la fille, la lune.

C'est ainsi que Dalsoun devint la lune et Haisik devint le soleil. Mais comme Dalsoun avait peur de rester toute seule dans le noir, son petit frère accepta de changer de place avec elle. Et depuis, nuits et jours, ils éclairent le monde.

Okhwang-sangjai (옥황 상제) est considéré comme le roi des cieux. Son origine vient du taoïsme. La signification de « Okhwang » est empereur de jade, celle de « sangjai » renvoie à l'idée de dieu.

Le pont O-jak : 오작교 en *Hangul* (la langue écrite actuelle coréenne), ou 烏鵲橋 en sino-coréen (langue écrite plus ancienne) signifie respectivement오, 烏 « O » (corbeau) 작, 鵲 « jak » (pie) et 교, 橋 « kyo » (pont).

A la même période, de part et d'autre de la voie lactée, l'étoile du Bouvier (dans la constellation de l'aigle) et celle de la Tisserande (connue en occident sous le nom de : Véga dans la constellation de la lyre) semblent se regarder de loin sans pouvoir se rejoindre.

견우와 직녀
Le bouvier et la tisserande

프랑스어 번역 조두리 Jo Du-ri,
박소영 Park So-young, 홍효식 Hong Hyo-sick
그림 김정희 Kim Jeong-hee

아주 옛날에, 하늘나라를 다스리는 옥황상제에게는 딸이 있었어요.

"너는 커서 베 짜는 사람이 되어라!
그러니 앞으로 네 이름은 '직녀'가 좋겠구나."
옥황상제는 태어난 딸에게 말했지요.

자랄수록 예뻐지는 직녀는 옥황상제의 유일한 기쁨 이였어요.

몇 년 후, 직녀는 결혼 할 나이가 된 아름다운 아가씨가 되어, '견우'라는 이름을 가진 목동에게 반했죠. 견우는 매우 잘 생기고 심성도 고운 성실한 청년이었어요. 그리고 견우 역시 아름다운 직녀를 좋아했어요. 옥황상제는 이 결혼을 두 팔 벌려 환영했죠. 이 청년은 좋은 집 안에서 태어났고, 사위에게 요구되는 모든 자격들을 갖추고 있었기 때문이었거든요.

견우와 직녀는 서로 열렬히 사랑했어요. 그들 눈에는 사랑 밖에 보이지 않았지요. 모든 시간을 함께 보내느라 해야 할 일들을 하지 않았고, 부모님께 효도하는 것도 잊어버렸죠. 직녀는 베 짜는 것을 소홀히 했고, 견우는 더 이상 소들을 돌보지 않았어요.

Il y a très longtemps, le roi Okhwang-sangjai, l'empereur de jade qui régnait dans les cieux, eut une fille.

– Tu seras tisserande ! avait-il dit à sa naissance et c'est pourquoi je t'appelle Jik-nyeo.

Jik-nyeo faisait la joie de son père car, plus elle grandissait, plus elle devenait belle.

Quelques années plus tard, la jeune femme, arrivée en âge de se marier, tomba amoureuse d'un bouvier qui portait le nom de Kyeon-woo. C'était un très beau garçon, gentil et sincère. Lui aussi aimait d'un amour tendre la belle Jik-nyeo. L'empereur de jade était tout à fait favorable à ce mariage car le jeune homme était bien né et avait toutes les qualités que l'on puisse demander à un gendre.

Kyeon-woo et Jik-nyeo s'aimaient ardemment. Ils n'avaient d'yeux que pour leur amour. Ils passaient tout leur temps ensemble, négligeant leur travail et leur devoir, oubliant la piété filiale qu'ils devaient à leur famille. Jik-nyeo en oubliait de tisser et Kyeon-woo ne gardait plus ses bœufs.

실망한 옥황상제는 해야 할 일들을 나 몰라라 하는 딸과 사위를 나무랐어요.

"딸아, 나는 실망스럽구나. 어찌하여 너는 행복만을 생각하고, 해야 할 일들을 하지 않는 거냐!" 라며 옥황상제가 꾸짖었지요.

직녀는 이렇게 대답할 뿐이었어요.

"아……. 아버지. 저도 어쩔 수가 없어요. 지금 저에게 사랑이 그 무엇보다 소중한 만큼, 견우 씨와 함께 있는 것이 제일 좋아요. 그렇지만, 앞으로는 가능한 한 일들을 해볼게요."

아름다운 직녀는 약속을 했지만, 말과는 다르게, 모든 생각은 다 견우에게로 향해 있었죠.

보다 못한 옥황상제는 노발대발하며 명령했어요.

"너희들은 내 말은 안중에도 없는 게냐! 내 노여움을 금할 길 없구나! 견우, 너는 하늘의 동쪽으로 가서 살아라! 그리고 내 딸, 직녀, 너는 서쪽으로 가서 살 거라!"

Déçu, le roi Okhwang-sangjai reprocha à sa fille et à son gendre de négliger leurs obligations.

– Ma fille, tu me désespères, tu ne penses qu'à ton plaisir et tu délaisses tes tâches ! grondait l'empereur de jade.

Sa fille ne pouvait que lui répondre :

– Hélas, mon père, je n'y puis rien, l'amour est plus fort que tout, j'aime tant être avec Kyeon-woo. Mais je ferai mon possible pour faire mon travail.

La belle Jik-nyeo avait promis, mais elle ne put tenir parole, toutes ses pensées n'allaient que vers Kyeon-woo.

Alors, l'empereur de jade se fâcha et ordonna :

– Vous n'ecoutez pas et ma colere est grande ! Kyeon-woo, tu iras habiter à l'Est du ciel ! Et toi Jik-nyeo, ma fille, tu iras habiter à l'Ouest du ciel !

그리고 왕은 덧붙였어요.

"이제부터 너희들은 멀리 떨어져 만날 수 없겠지만, 일 년에 한 번, 음력 7월 7일에 은하수 위에서 서로를 볼 수 있도록 해주마!"

젊은 부부는 매우 간절하게 애원했으나, 어떤 약속도 옥황상제의 굳은 결심을 바꾸지는 못했죠. 그렇게 직녀는 서쪽으로 가고, 견우는 반대쪽인 동쪽에 가서 살게 되었어요. 그 순간부터, 이제 두 사람은 서로를 볼 수 없었지요. 견우와 직녀는 이 사실이 너무나도 슬퍼서 밤낮으로 울기만 했어요. 눈물은 비가 되어 땅으로 떨어졌죠. 음력 7월 7일이 되었을 때, 이 연인은 마침내 은하수의 양쪽 끝에서 서로를 볼 수 있게 되었죠. 하지만 만져볼 수는 없었기 때문에, 그 고통이 심해지기만 했어요. 그들의 슬픔이 너무 커서 비도 세차게 내렸죠. 결국 그 비는 엄청난 홍수가 되었고, 집과 길 밭은 잠겼어요. 사람들과 동물들의 생명 또한 위태로워졌죠. 추수를 하기도 전에 쌀마저 썩게 되었거든요.

Puis, l'empereur ajouta :

– Désormais, vous ne pourrez-vous voir que de loin et qu'une seule fois l'an, sur la voie lactée, le septième jour du septième mois du calendrier lunaire.

Le jeune couple eut beau supplier le roi, mais aucune autre promesse ne put infléchir sa décision. Ainsi fut fait, Jik-nyeo se retrouva à l'Ouest du ciel et Kyeon-woo alla habiter de l'autre côté, à l'Est du ciel. A partir de ce moment-là, ils ne purent plus se voir. Ils se sentaient si tristes d'être séparés qu'ils en pleuraient nuit et jour. Leurs larmes devenaient des pluies et ces pluies tombaient sur terre. Quand arrivait le septième jour du septième mois du calendrier lunaire, les deux amoureux pouvaient enfin se voir de part et d'autre de la voie lactée, mais leur peine était plus forte encore car ils ne pouvaient pas se rejoindre. Leur chagrin alors était si grand que les averses en étaient bien plus fortes. Elles causaient ainsi des inondations catastrophiques. Les maisons, les routes, les champs étaient noyés sous les larmes. La vie des gens et des animaux devint difficile. Le riz même pourrissait avant les récoltes.

그래서 보다 못한 까치들이 재잘거렸어요.

"두 사람이 매일같이 우니 비도 계속 오겠지."

"비가 그만 와야 해, 땅도 잠기고 우리도 더 이상 이렇게 살 수는 없잖아." 까마귀들도 거들었죠.

"그럼 우리가 할 수 있는 일이 뭘까?" 다른 동물들이 물었어요.

"견우와 직녀가 울음을 그치면 비도 멈출 거야." 까치들이 대답했어요.

"견우와 직녀가 만날 수 있도록 돕자!" 까마귀들이 제안했죠.

"까치들과 까마귀들이 하늘로 높이 날아올라 다리를 만든다네." 새들은 노래했어요.

Alors, les pies jacassèrent :

– Comme Kyeon-woo et Jik-nyeo pleurent toujours, il continue à pleuvoir.

– Il faut que cette pluie s'arrête, la terre est inondée, nous ne pouvons plus vivre ainsi, croassèrent les corbeaux.

– Que pouvons-nous faire ? demandèrent les autres animaux.

– Si Kyeon-woo et Jik-nyeo s'arrêtaient de pleurer, les pluies cesseraient, jacassèrent les pies.

– Aidons donc Kyeon-woo et Jik-nyeo à se revoir ! proposèrent les corbeaux.

– Les pies et les corbeaux s'envoleront vers le ciel et construiront un pont ! chantèrent les oiseaux.

그래서 음력 7월 7일, 이 세상의 모든 까치들과 까마귀가 모여 하늘로 날아올라 은하수의 양 끝을 잇는 다리를 만들었어요.

그날 아침, 견우와 직녀가 은하수에 가까이 갔을 때, 다리를 발견했어요. 너무나도 놀란 두사람은 한달음에 건너갔지요. 마침내 견우와 직녀는 다시 만날 수 있게 되었어요. 서로가 서로의 품으로 달려들었고 그들은 영원히 변함없는 사랑을 맹세했죠.

"우리를 만나게 해 준 이 다리에 이름을 붙여요." 직녀가 수줍게 말했어요.

"그렇다면 '오작교'는 어떻소? 이 다리를 만들어 준 까마귀들과 까치들의 이름을 따서 말이오." 견우가 대답했어요.

그 이후로 한국에서는 매년 음력 7월 7일을 연인들의 날로 기념하고 있대요. 이 날엔 대체로 비가 오는데, 다시 만난 연인들이 행복에 겨워 눈물을 흘리기 때문이라네요.

C'est ainsi qu'au septième jour du septième mois du calendrier lunaire, toutes les pies et tous les corbeaux du monde se rassemblèrent, s'envolèrent jusqu'au firmament et construisirent un pont de part et d'autre de la voie lactée.

Et au matin du même jour, lorsque Kyeon-woo et Jik-nyeo s'approchèrent de la voie lactée, ils eurent la surprise de trouver un pont, qu'ils enjambèrent. Enfin, ils purent s'unir à nouveau. Ils se jetèrent dans les bras l'un de l'autre et se jurèrent fidélité pour l'éternité.

– Donnons un nom au pont de notre amour retrouvé, soupira Jik-nyeo...

– Je voudrais l'appeler 烏鵲橋, le pont O-jak, parce que ce sont les corbeaux et les pies qui l'ont construit ». répondit Kyeon-woo.

Depuis, tous les septièmes jours du septième mois du calendrier lunaire, en Corée on célèbre la fête des amoureux. Il pleut souvent ce jour-là, ce sont les larmes de bonheur des amants retrouvés.

Lorsque les parents coréens pensent que leurs enfants ne sont pas obéissants, ils disent d'eux qu'ils sont de vraies **grenouilles bleues**.

Dans la culture coréenne, en vertu du culte des ancêtres, l'emplacement des tertres funéraires est une affaire sérieuse. Afin que l'esprit du défunt se sente bien dans la demeure qu'il va occuper pour l'éternité, ses descendants doivent choisir un endroit en harmonie avec la nature. Ces lieux offrent le plus souvent une vue agréable sur le paysage. C'est pour cette raison que la plupart des tombeaux se trouvent dans les montagnes, ou au moins sur les collines. Certaines familles font même appel à des géomanciens pour trouver le lieu le plus propice où ériger le tumulus.

Piété filiale : La société coréenne était autrefois (durant toute l'époque Joseon : 1392 - 1910) ultra-confucianiste et elle l'est encore à bien des égards. Dans l'esprit confucéen, la piété filiale est une dimension très importante. En particulier pour les garçons ainés, futurs chefs de famille, qui devaient s'occuper de leurs parents et subvenir à leurs besoins lorsqu'ils devenaient trop vieux pour travailler. Ensuite, à la mort de chaque parent, ils avaient l'obligation de porter un deuil de trois ans. Il devait alors porter un *hanbok* (한복) blanc et s'installer à proximité des tombeaux pour les entretenir quotidiennement. Le *hanbok* est l'habit traditionnel coréen.

말 안 듣는 청개구리
La tombe de la grenouille bleue

프랑스어 번역 이소은 Lee So-eun,
김유빈 Kim Yu-bin, 신지나 Shin Ji-na
그림 김연경 Kim Yeon-kyoung

어느 마을에, 엄마 개구리가 맏아들과 함께 아름다운 집에서 살고 있었어요. 엄마 개구리는 맏아들이 자신이 하는 말을 듣지 않고, 부탁하는 것에는 항상 반대로 했기 때문에 괴로워했지요. 청개구리가 원하는 것은, 자신이 하고 싶은 것만 하는 것이었어요. 나머지 일에는 관심도 없고, 그게 다였죠. 예를 들어, 엄마 개구리가

"아가야, 네가 제일 예쁜 아이구나." 하면 청개구리는 불평하면서 대답했어요.

"나는 예쁘지 않아! 이젠 아기도 아니야."

또는 엄마 개구리가 청개구리에게 항상 뒤죽박죽인 방 좀 정리하라고 말했을 때에는, 이렇게 대답했죠.

"나는 절대 방을 정리하지 않을 거야. 난 내가 하고 싶은 것만 할 거야. 나머지는 내가 알 바 아니야! 더 말할 필요도 없어."

Dans un village, la mère des grenouilles habitait avec son fils ainé dans une jolie maison. Elle était affligée parce que son fils ainé n'écoutait jamais rien de ce qu'elle disait et faisait toujours l'inverse de ce qu'elle lui demandait. Ce qu'il voulait, c'était faire ce qu'il avait envie de faire. Le reste n'était pas son affaire et voilà tout. Par exemple, quand elle lui disait :

–Mon bébé, tu es le plus joli des enfants.

Il répondait en ronchonnant :

–Je ne suis pas joli et je ne suis plus un bébé !

Ou encore, lorsqu'elle lui demandait de ranger sa chambre, qui était toujours en désordre, il répondait :

–Je ne rangerai jamais ma chambre. Ce que je veux, c'est faire ce que j'ai envie de faire. Le reste n'est pas mon affaire ! Et voilà tout.

여름이 되어, 엄마 개구리가 청개구리에게 바닷가에 가서 상쾌한 공기와 해수욕을 즐기자고 제안했을 때, 청개구리는 산에 가는 것이 더 좋고 바다는 좋아하지 않는다고 대답했어요. 또 한 번은, 날씨가 아주 나빴던 날, 엄마가 아들에게 말했지요.

"아가야, 오늘은 날씨가 춥고 비도 오는구나. 나가면 병에 걸릴 테니 집에서 놀 거라."

청개구리는, 자기는 밖에 나가 노는 것을 더 좋아하고, 집은 숨만 막히니 나야가겠다고 대답했어요. 엄마 개구리는 이렇게나 반항적인 아들 때문에 너무 슬펐지요. 심지어, 청개구리는 엄마가 우는 것을 보았을 때도, 어깨만 으쓱하고는 하고 싶어 하는 것만 했지요. 엄마가 슬프던 말던 상관하지 않았어요. 그가 원하는 건, 하고 싶은 것만 하는 것이고 나머지는 상관없으니 더 말할 필요도 없었죠.

En été, lorsqu'elle lui proposait d'aller au bord de la mer pour profiter de l'air frais et de la plage, il répondait qu'il préférait aller à la montagne et qu'il n'aimait pas la mer. Un autre jour, alors que le temps était très mauvais, elle lui dit :

– Mon bébé, aujourd'hui, il fait froid et il pleut. Reste jouer à la maison car si tu sors, tu vas attraper mal.

Il répondit qu'il préférait aller dehors, qu'il étouffait à la maison et qu'il fallait qu'il sorte. La maman grenouille était très triste d'avoir un fils si désobéissant. Et même lorsqu'il voyait sa mère pleurer, il haussait les épaules et faisait ce qu'il voulait. Ça lui était bien égal que sa maman soit triste ou pas. Lui, ce qu'il voulait, c'était faire ce qu'il avait envie de faire, le reste n'était pas son affaire et voilà tout.

어느 날, 불쌍한 엄마 개구리는 중병에 걸렸고 의사는 할 수 있는 모든 조치를 취했어요. 하지만, 차도가 없었고 엄마 개구리는 죽어가고 있었죠. 마지막 소원으로, 엄마 개구리는 무덤에서 바라다 보이는 풍경이 예쁜, 산에 묻히기를 원했어요. 하지만, 엄마 개구리는 생각했지요.

"만약 아들에게 그렇게 부탁한다면, 그 앤 남의 말을 듣지 않는 버릇이 있으니 정반대로 하겠지."

그래서 엄마 개구리는 청개구리를 불러 자신의 가장 간절한 소원은 강가에 묻히는 것이라 말하고는 죽어버렸어요.

청개구리는 갑자기 울음을 터뜨렸어요, 자신이 나쁜 아들이었다는 것을 문득 깨달았거든요. 엄마는 온 마음을 다해 자신을 사랑해 주신, 언제나 친절하고 상냥한 분이었어요. 청개구리는, 못되고 이기적이고 속 좁은 아들일 뿐이었죠. 이제 엄마는 돌아가셨으니, 다시는 엄마를 안아드릴 수가 없게 되었어요. 청개구리는 자신의 잘못된 행동을 쓰라리게 후회했어요. 그래서 엄마의 유언에 따라 강가에 묻기로 결심했어요. 나머지는 상관할 바 아니었고 그걸로 끝이었죠. 그래서 청개구리는 아름다운 강의 잔잔한 물가에 자리를 찾아냈어요. 무덤을 파 관을 묻고 작은 둔덕을 쌓아 올렸지요.

Un jour, la pauvre maman grenouille tomba gravement malade, le docteur fit tout ce qu'il put, mais il n'y avait pas grand-chose à faire, elle allait mourir. Pour sa dernière volonté, elle voulait qu'on l'enterrât dans la montagne, pour que son tombeau ait une jolie vue sur le monde. Mais, elle se disait :

– Si je demande cela à mon enfant, il fera tout le contraire, avec sa manie de n'en faire qu'à sa tête.

Aussi, elle l'appela, lui dit que son vœux le plus cher était d'être enterrée au bord de la rivière, et puis elle mourut.

Son fils fondit en larme, il se rendait, tout à coup, compte qu'il avait été un mauvais fils. Sa mère avait toujours été une maman gentille et douce qui l'aimait de tout son cœur. Lui n'avait été qu'un fils indigne, égoïste et borné. Maintenant, sa maman était morte, plus jamais il ne pourrait la serrer dans ses bras. Il regrettait amèrement son mauvais comportement. Alors, il décida de suivre scrupuleusement les dernières volontés de sa mère et de l'enterrer au bord de la rivière, le reste n'était pas son affaire et voilà tout. Ainsi fut fait, il trouva un emplacement au bord de l'eau calme d'une jolie rivière. Il creusa la tombe, y déposa le cercueil et dressa le tertre.

불행하게도, 여름이 오자, 여느 해처럼 열대 계절풍이 세찬 비를 몰고 왔고, 장대비에 이어 천둥 번개 치는 폭풍우가 따라왔으며 폭풍우에는 억수같은 비가 따라왔지요. 아름다운 강의 잔잔한 물결은 순식간에 거센 급류로 변했고, 작은 둔덕과 무덤과 관까지 휩쓸어 가 버렸어요. 청개구리는 모든 것을 잃어버렸고, 오직 후회와 회한만이 남았죠. 그 이후로, 비가 오는 날이면, 강가에서 개구리 우는 소리가 들리지요. 개구리들이 자신들의 불효를 한탄하는 울음소리를요.

Malheureusement, l'été venu, la mousson comme chaque année amena de fortes pluies, les averses se succédèrent aux orages et les orages aux pluies battantes. L'eau calme de la jolie rivière se transforma vite en un violent torrent qui bondit hors de son lit emportant tertre, tombe et cercueil. Tout était perdu, seul restait les regrets et les remords. Depuis cette époque-là, à chaque jour pluvieux, on peut entendre les grenouilles qui coassent au bord de la rivière. Elles pleurent leur manque de piété filiale.

La cloche, le miroir et l'épé de bronze sont attachés aux aspects cosmogoniques de l'ancienne civilisation coréenne, à l'âge du bronze. Le miroir symbolise le ciel ; la cloche la terre et l'épée l'être humain.

Dans la Corée d'aujourd'hui, les coréens célèbrent chaque année, le 3 octobre, le jour où le ciel s'ouvrit lorsque Hwanung descendit sur terre pour fonder leur nation.

Le nom de l'épouse de Tangun, Ungnyeo, signifie selon les caractères *hanja* (idéogrammes chinois) : *ung* (웅,熊) : ours et nyo (녀,女) : femme. Certains prétendent, que cette légende tire son origine de la tribu des Koma ou Kaema dont l'animal totémique était l'ours (*gom* : 곰). Par ailleurs, Dangun est parfois appelé Wanggom (왕곰) dont la signification est roi des ours.

En Corée, on considère que la gestation des femmes dure 10 mois car le premier mois est compté dès le moment de la conception.

단군 신화
La légende de Tangun

프랑스어 번역 유원경 Yu Won-kyeong, 유하경 Yu Ha-kyeong
그림 이승복 Lee Seung-bok

옛 신들을 다스렸던 천제, 환인의 아들인 환웅이 하늘에서 땅을 바라보았어요. 구름 위로 몸을 숙인 환웅은 어떤 산의 절경에 사로잡혀 꿈을 꾸기 시작했죠. 인간세계로 내려간다면, 바로 그 산에 자신의 나라를 세우고 싶었어요.

곧 환웅의 머리는 그 생각으로 가득 차게 되었죠. 그래서 더 이상 참지 못하고, 환인을 만나러 갔어요.

"아버지, 지상으로 가고 싶습니다. 제가 세상 사람들을 다스릴 수 있도록 허락해주세요."

"좋을 대로 해라, 아들아." 천제는 매우 너그럽게 대답했어요. "내 너에게 이 청동 방울, 청동 거울 그리고 청동 검을 주겠다. 이 세 가지 마법의 물건들 덕분에 사람들을 잘 다스릴 수 있을 것이다."

Hwanung, le fils de Hwanin, l'empereur céleste qui régnait sur les anciens dieux, regardait la terre depuis le ciel. Penché par-dessus les nuages, le fils de l'empereur céleste fut frappé par la beauté d'une montagne et commença à rêver. S'il pouvait descendre parmi les hommes, ce serait exactement à cet endroit qu'il fonderait son royaume.

Cette pensée occupa bientôt tout son esprit. Alors, n'y pouvant plus, il alla trouver Hwanin :

– Mon père, je veux aller sur terre. Autorisez-moi à gouverner les hommes du monde.

– Comme tu voudras, mon fils, répondit l'empereur céleste dans toute sa mansuétude. Je te donne cette clochette en bronze, ce miroir en bronze et cette épée en bronze. Grâce à ces trois objets magiques tu pourras contrôler les hommes.

어느 가을날 아침, 삼천 명의 신하들을 거느린 환웅은 나라를 세우기 위해, 바람, 비, 구름의 대신들을 데리고 태백산 정상으로 내려왔어요. 그 곳에는 소나무, 단풍나무와 은행나무 사이에, 오래된 박달나무인 신단수가 우뚝 서 있었죠. 이 오래 된 나무 밑에서, 환웅은 백성들을 모아 선포했어요.

"내 아버지의 왕국을 향해 자라는 이 나무의 몸체를 찬양하고, 이 산들을 굽어보고 있는 장엄한 가지들을 존중하며, 땅 속 깊숙이 박혀 있는 힘찬 뿌리를 기리는 의미에서, 이곳을 신성한 도시인 '신시'라고 부르겠다. 지금부터 너희들은 신시의 백성들이다. 앞으로, 나는 너희들을 소중히 여길 것이며 너희는 내 신성의 보호를 받을 것이다."

온 백성이 환웅을 환호하며 맞아들였어요. 그렇게 해서 천제의 아들은 인간 세상에 나라를 세웠지요. 환웅은 바람, 비, 구름의 대신들에게 인간을 통치하는 임무를 맡겼어요. 대신들은 백성에게 농업과 의학 등 360가지 이상의 규율들을 전해주었죠. 이 학자들은 도덕 원리를 가르쳤고, 살인, 폭력, 절도를 처벌하는 법률들을 제정했지요. 그렇게 하여 사람들은 조화를 이루며 살기 시작했어요.

Par un beau matin d'automne, Hwanung, accompagné des ministres du vent, de la pluie et des nuages, et suivi de trois mille fidèles, descendit au sommet du mont Taebaek pour y étendre son règne. A cet endroit, parmi les pins, les érables et les ginkgos, se dressait Shindansu, un santal vénérable. Au pied de ce vieil arbre, il rassembla son peuple et proclama :

– A la gloire de ce tronc qui s'élève vers le royaume de mon père ; en respect de cette couronne majestueuse qui domine ces montagnes ; en hommage à ces racines puissantes qui s'enfoncent dans les entrailles de la terre, je nomme cet endroit Shinsi, la ville sainte. A partir de maintenant, vous êtes le peuple de Shinsi. Désormais, je vous chérirai et vous serez sous ma protection divine.

Le peuple entier acclama Hwanung. Et c'est ainsi que le fils de l'empereur céleste créa son royaume dans le monde des hommes. Il confia à ses ministres du vent, de la pluie et des nuages le soin de gouverner l'humanité. Ils transmirent au peuple plus de trois cent soixante disciplines dont l'agriculture et la médecine. Ces savants enseignèrent les principes moraux et édictèrent des lois où le meurtre, la violence et le vol étaient condamnés. Ainsi, les hommes commencèrent à vivre en toute harmonie.

어느 날, 동물 신세에 진력이 난, 곰 한 마리와 호랑이 한 마리가, 환웅 앞에 와서 머리를 조아렸어요.

"저희를 인간으로 만들어주세요. 이 부탁을 간청드리기 위해서 이렇게 왔어요."

"사람이 되면 무엇을 할 것이냐." 환웅이 물었어요.

"저는 군인이 되어 이 나라를 지키고 싶습니다." 호랑이가 으르렁거렸어요.

"저는 그저 여인이 되어, 결혼하고, 남편에게 사랑도 받고, 아이들도 가지고 싶어요." 곰도 살며시 킁킁거렸지요.

환웅은 망설였어요. 호랑이와 곰은 진심인 것 같아 보였죠. 하지만 모든 짐승들이 사람들이 된다면, 이 세상은 어떻게 되겠어요? 결국, 환웅은 그들을 시험해보기로 결정했지요.

"만약 내가 명령하는 것을 너희들이 이겨낸다면, 사람이 될 것이다. 그러지 못하면, 영원히 동물로 남을 것이다."

하늘의 아들은 호랑이와 곰을 산 속에의 어느 동굴의 입구까지 데려가기에 앞서, 한 바구니는 쑥으로 가득 채웠고, 다른 바구니엔 마늘 20단을 담았어요.

"이 바구니에 담긴 쑥과 마늘을 유일한 양식으로 삼아 이 동굴에서 백일동안 머물러야한다. 이 시간이 지나고, 도주의 유혹도 견더낸다면 사람이 될 것이다."

두 짐승은 깊은 존경심으로 공손하게 절을 했어요.

"저희는 영원토록 감사드릴 것입니다." 호랑이가 말했어요.

"저는 여기, 환웅님 앞에서, 백일 간 동굴 속에서 지낼 것을 약속드립니다. 그리고 사람으로 변하겠습니다." 곰도 맹세했지요.

Un jour, une ourse et une tigresse, lassées de leur condition animale, vinrent se prosterner devant Hwanung :

– Nous venons à toi, fils du ciel, pour t'implorer de faire de nous des êtres humains.

– Et que ferez-vous quand vous serez humain, leur demanda Hwanung.

– Je veux être guerrière et protéger ce pays, feula la tigresse.

– Je veux simplement devenir femme, me marier, être aimée de mon mari et avoir des enfants, grogna doucement l'ourse.

Hwanung hésita. La tigresse et l'ourse semblaient sincères. Mais que deviendrait le monde si toutes les bêtes devenaient des hommes? Finalement, il décida de les mettre à l'épreuve :

– Si vous arrivez à surmonter ce que je vais vous ordonner, vous deviendrez humains. Sinon, vous resterez à tout jamais des animaux.

Le fils du ciel remplit un panier d'armoise et déposa vingt bottes d'ail dans un autre, avant de guider le tigre et l'ourse dans la montagne, jusqu'à l'entrée d'une caverne.

– Pendant cent jours, vous devrez rester dans cette caverne avec pour seule nourriture l'armoise et l'ail de ces paniers. Au bout de ce temps, si vous avez résisté à la tentation de la fuite, alors vous deviendrez des hommes.

Les deux animaux s'inclinèrent humblement, dans une profonde révérence.

– Nous vous en serons éternellement reconnaissant, dit le tigre.

– Je fais serment ici, devant vous, que nous resterons cent jours dans cette caverne. Et nous nous transformerons en hommes, jura l'ourse.

두 짐승은 유일한 양식인 쑥 바구니와 20단의 마늘을 가지고 캄캄한 동굴 속에 자리를 잡았어요. 사람이 되기를 원한다면 인내심으로 무장을 해야만 했죠. 햇빛을 받으며 달리고 사냥할 때의 백일은 바람보다 더 빠르게 지나가지요. 하지만 동굴 안에서 쑥잎과 마늘쪽들을 씹기만 해야 하는 백 일이라면 이야기는 완전히 달라졌어요.

처음에는, 모든 것이 수월했어요. 그들의 의지는 매우 강했죠. 그러나 차츰 단조롭게 지나는 시간과 지루함이 점점 더 감당하기에 벅차게 되었어요. 특히 평상시에는 고기만 먹는 호랑이로서는 더욱 힘들었지요. 팔십 일째 되는 날 아침, 배가 고파 죽을 것 같았던 호랑이는 울부짖었어요.

"난 더 이상 안 되겠어. 낮도 밤 같고, 마늘이랑 쑥으로는 배가 차지 않아. 오늘도 뭔가 날고기를 먹지 못한다면, 나는 죽어버리고 말거야."

"힘내." 곰은 친구를 격려해주려고 으르렁 거렸어요. "삼주 밖에 남지 않았어. 곧 우리의 백일이 모두 지나게 될 거야."

그 때, 포동포동하게 살집이 오른 토끼 한 마리가 동굴 입구 앞으로 지나갔죠. 흥분한 호랑이는, 동굴과 곰과 사람이 되겠다는 꿈도 버린 채, 토끼를 쫓아 뛰쳐나갔지요.

Les deux animaux s'installèrent dans l'obscurité de la grotte avec pour seule nourriture, le panier d'armoise et les vingt bottes d'ail. S'ils voulaient devenir des hommes, ils devraient s'armer de patience. Cent jours à courir et à chasser sous le soleil passent plus vite que le vent. Mais cent jours dans l'antre de la terre, à ne mâcher que des feuilles d'armoise et des gousses d'ail, ça c'est une autre histoire.

Au début, tout se passa bien. Leur volonté était forte, mais peu à peu, la monotonie des jours et l'ennui devinrent de plus en plus lourds à supporter. Pour le tigre surtout, car le fauve ne mangeait d'ordinaire que de la viande. Au matin du quatre-vingtième jour, tenaillé par la faim, le tigre rugit :

– Je n'en peux plus, les jours ressemblent aux nuits, l'ail et l'armoise ne me tiennent pas à l'estomac. Si aujourd'hui, je n'avale pas quelque chose de saignant, je vais crever.

– Courage, grogna l'ourse pour tenter de réconforter son compagnon. Il ne nous reste que trois semaines. Bientôt nos cents jours seront consommés.

A ce moment-là, un lièvre dodu passa devant l'entrée de la caverne. Le sang du tigre ne fit qu'un tour et le fauve se lança à la poursuite du gibier, abandonnant la grotte, l'ourse et son rêve d'humanité.

의지가 강한 곰은 혼자 남았고, 백 일째 되던 밤, 비길 데 없이 아름답고 우아한 아가씨로 변했어요. 곰은 시험을 이겨냈고, 하늘은 그 보상으로 소원을 들어주었죠. 사람이 된 곰은 동굴을 떠났고 그 날 이후로, 사람들은 곰여인이라는 뜻의 '웅녀'라는 이름을 지어주었어요. 하지만 이렇게 예쁘고 상냥한 웅녀이지만, 어느 누구도 곰여인과는 결혼하려 하지 않았어요. 그래서 웅녀는 신성한 나무, 신단수에 기도하러 갔지요.

"여자가 되었지만 어떤 남자도 저를 좋아하지 않아요. 생명수인 나무님, 하늘을 향해 자라는 몸체를 가진 나무님, 이 산을 지키는 가지들을 가진 나무님, 땅 한가운데의 물을 끌어올리는 뿌리를 가진 나무님, 어떻게 하면 제가 아이를 낳을 수 있을지 말해주세요."

저 높은 천국에서, 하늘나라 황제의 아들, 환웅은 젊은 여인의 예쁜 목소리와 기도에 감동했어요. 게다가 환웅이 구름 아래로 몸을 숙여 보니, 웅녀의 아름다움과 우아함에 한 번 더 깊은 감동을 받았지요. 천제의 아들은 여인에게 마음을 빼앗겼고, 결국 환웅은 웅녀와 결혼을 했어요.

Déterminée, l'ourse resta seule et durant la centième nuit, elle se transforma en une jeune femme d'une beauté et d'une grâce sans pareil. Elle avait surmonté l'épreuve, le ciel l'avait récompensée et exhaussé son vœu. Elle quitta son antre et à partir de ce jour, les gens l'appelèrent Ungnyeo, la femme ourse. Mais, aussi belle et douce qu'elle fût, aucun homme ne voulut se marier avec une femme ourse. Alors, elle alla prier au pied de Shindasu, l'arbre saint :

– Me voilà devenue femme, mais aucun homme ne m'aime. Toi, l'arbre de la vie, toi, dont le tronc s'élève vers le ciel, toi, dont la couronne protège la montagne, toi, dont les racines puisent l'eau au cœur de la terre, dis-moi comment je pourrais enfanter.

Du haut de sa demeure céleste, Hwanung, le fils de l'empereur céleste, fut touché par la prière et par le timbre de la voix de la jeune femme. Puis, lorsqu'il se pencha au-dessus de son nuage, il fut plus ému encore par sa grâce et sa beauté. Le cœur du fils du ciel était conquis, alors il se maria avec elle.

열 달 후에, 두 사람의 결합으로 아들이 태어났고 웅녀는 아이를 단군이라고 불렀어요. 이 아기가 바로 기원 전 4350년 경, 평양을 새로운 수도로 삼아 고조선 왕국을 세운 그 유명한 단군왕검이에요. 고조선의 첫 번째 왕은 후에 수도를 아사달로 옮겼지요. 그리고 단군은 1908살이 되었을 때, 태백산으로 돌아와 산신이 되었어요. 그 이후로, 이 수호신은 한국의 모든 산을 지켜주었죠. 그 때부터, 단군, 아버지 환웅, 할아버지 환인을 하늘의 삼신이라 부르고 있어요.

Dix mois plus tard, de leur union naquit un fils qu'Ungnyeo appela Tangun. Cet enfant est le fameux Tangun Wanggom qui fonda, il y a environ quatre mille trois cent cinquante ans, le royaume de Gojoseon et bâtit Pyongyang, sa nouvelle capitale. Ce premier Roi de Corée déplaça, par la suite, la capitale à Asadal. Puis, lorsqu'il atteignit l'âge de 1908 ans, il retourna à la montagne Taebaek où il se transforma en esprit saint. Depuis, ce dieu tutélaire protège toutes les montagnes de Corée. Dès lors, Tangun, son père Hwanung et son grand-père Hwanin forment la triade céleste.

Le royaume de Goguryeo (고구려, 高句麗) (-37 à 668), couvrant un large territoire s'étendant de la Manchourie du sud (autour du fleuve Tongjiajiang) jusqu'à une grande partie du nord de la Corée, était le plus vaste état coréen à l'époque dites des trois royaumes. Les deux royaumes coréens voisins étaient Baekje et Silla.

Dan le nom Geumwa(금와, 金蛙), geum (금, 金) signifie : or et wa (와, 蛙) grenouille.

La signification de Yuhwa (유화, 柳花) la fille de Haebaek roi dragon est littéralement fleur de saule.

Le Yalu est une rivière frontalière actuelle entre la Chine et la Corée du nord.

Le mont Ungsin (웅신, 熊神) peut être traduit par la montagne du Dieu-ours.

주몽 신화
La légende de Jumong

프랑스어 번역 우지윤 Woo Ji-youn, 천현서 Cheon Hyun-seo
그림 김연경 Kim Yeon-kyoung

아주 오랜 옛날, 한국의 북부지방에서부터 만주 전역에 이르기까지 영토가 펼쳐진 부여라는 왕국이 있었어요. 왕 해부루는 아이가 없어 걱정이었지요. 왕은 하루하루 나이를 먹어 죽음이 가까이 오는 것을 느꼈지만 여전히 자신의 뒤를 이를 아들을 얻지 못했어요. 그래서 어느 날 아침, 해부루는 왕국을 통치할 수 있는 후계자를 내려달라고 하늘과 땅의 신께 제사를 지내러 떠났지요.

연로한 왕의 말은 길 위에 있는 큰 바위 앞에서 갑자기 멈췄고 앞발로 땅을 걷어차기 시작했어요. 해부루는 이상한 일이라고 생각했고 부하들에게 그 바위를 옮겨 놓으라고 명령했지요. 바위 밑에서, 부하들은 금빛 개구리를 닮은 아이를 발견했어요. 왕은 이것이 운명의 신호라고 생각하여 '금와'라고 이름 지은 이 아이를 양아들로 삼기로 했죠.

Dans des temps très anciens, il y avait un royaume appelé Buyeo dont le territoire s'étendait du nord de la Corée à toute la Manchourie. Son roi Haeburu s'inquiétait de ne pas avoir d'enfant. Le monarque vieillissait, de jour en jour, il sentait la mort s'approcher et il n'avait toujours pas de fils pour lui succéder. Alors, un matin, il décida de partir pour faire des offrandes au dieu du ciel et de la terre afin d'avoir un héritier capable de diriger le royaume.

Sur la route, le cheval du vieux roi s'arrêta brusquement devant un gros rocher, et se mit à piaffer. Haeburu trouva cela étrange, aussi, il commanda à ses hommes de déplacer ce rocher. Dessous, ils découvrirent un enfant qui ressemblait à une grenouille dorée. Le roi y vit un signe du destin et décida d'adopter cet enfant qu'il nomma simplement Geumwa.

어느 날, 대신 아란불이 왕에게 와서 말했어요.

"어떤 신령이 제 꿈에 나타나 우리나라를 동해 가까이에 있는 보다, 비옥한 평원 쪽으로 옮겨야 한다고 말씀하셨습니다."

이 조언에 따라, 해부루는 동해 가까이로 수도를 옮기고, 새 왕국의 이름을 동쪽의 부여인 '동부여'라고 명명했어요.

얼마 후, 나이 많은 해부루 왕은 죽었고 금와 왕자가 그 뒤를 이었어요. 금와왕은 양아버지만큼이나 현명한 군주가 되었지요. 한편, 해부루의 옛 왕국은 왕자가 없는 상태가 그리 오래 지속되지는 않았어요. 하늘의 혈통이라고 주장하는 해모수라는 사람이 그곳에 정착하여 스스로 왕좌를 세웠거든요.

어느 날, 숲에서 사냥을 하던 금와왕은 태백산 남쪽으로 사슴을 추적하다가 숲 안으로 깊숙이 들어가게 되었어요. 한참을 달리다 어느 물가에 이르렀고 거기서 달처럼 아름다운 여인을 만났지요. 여인의 매력에 사로잡힌 금와왕은 물었어요.

"처자는 대체 누구이며, 이 깊은 숲에서 뭘 하는 것이오?"

"저는 유화라고 해요. 바다의 용왕이신 하백의 딸이죠." 젊은 여인이 대답했어요. "제 여동생과 압록강으로 소풍을 갔던 어느 날, 웅진산 근처에서 천제의 아들이신 해모수님께서 저희에게 오셨어요. 그 분은 저를 사랑하셨지만 어느 날 떠나서 다시 돌아오지 않으셨죠. 제 부모님께서 그 이야기를 들으시고는, 화가 나서 저를 쫓아내셨어요. 그 이후, 저는 이 외딴 곳에서 유배생활을 하고 있는 것이예요."

Un jour, Aranbul, un des ministres du roi, vint à lui et lui dit :

– Un dieu est venu dans mes songes pour me dire que nous devrions déplacer notre royaume vers les plaines plus fertiles proche de la mer de l'Est.

Suivant ce conseil, Haeburu déplaça sa capitale près de la mer de l'Est et nomma son nouveau royaume Dong Buyeo, autrement dit Buyeo de l'Est.

Quelques temps plus tard, le vieux roi Haeburu mourut et le prince Geumwa lui succéda. Il devint un monarque aussi sage que son père adoptif. Toutefois, l'ancien royaume d'Haeburu ne resta pas sans prince bien longtemps. Un certain Haemosu, revendiquant des origines célestes, s'y installa et érigea son trône.

Un jour, lors d'une chasse en forêt, Geumwa, à la poursuite d'un cerf au sud des monts Taebaek, s'enfonça profondément dans les taillis. Sa course le mena au bord d'un cours d'eau où il rencontra une femme belle comme la lune. Subjugué par la grâce de cette femme, il lui demanda :

– Qui donc êtes-vous et que faites-vous perdue au fond de ces bois ?

– Je m'appelle Yuhwa. Je suis la fille de Haebaek, le roi dragon de la mer, répondit la jeune femme. Un jour que je pique-niquais avec ma petite sœur sur les rives du Yalu, au pied du mont Ungsin Haemosu, le fils de Chonjae, l'empereur céleste vint à nous. Il m'aima, puis me quitta et ne revint jamais. Quand mes parents l'apprirent, ils se fâchèrent et me chassèrent. Depuis, je vis seule, en exil, sur ces terres isolées.

이 젊은 여인의 이야기에 난감해진 금와왕은 여인을 궁궐로 데려와 어두운 방안에 가두었어요. 하지만, 여인은 타는 듯한 햇빛을 피할 수 없었어요. 몹시 강렬한 빛이 그녀를 부드럽게 감싸고 돌자 하백의 딸은 커다란 알을 낳게 되었지요.

금와왕은 이 이상한 알을 보자 겁이 났어요.

"유화, 신들께서 당신에게 화가 나 있으신가 보오. 당신은 사랑의 결실로 저주를 받은 거요. 어서 이 알을 치워야겠소."

"아니 되옵니다……." 유화가 간청했어요. "이 알을 해치지 말아주세요."

하지만 하백의 딸이 애원함에도, 금와왕은 알을 집어 들어 돼지와 개들이 먹기를 기대하며 마당으로 던져버렸어요. 하지만, 짐승들은 그 알을 건드리지 않았지요. 그래서 금와왕은 말과 소들이 밟고 가도록 알을 길에 던져버렸어요. 하지만, 이 짐승들 역시 건들이지 않았죠. 그래서 금와왕은 이 알을 숲에 던져버렸으나, 새들은 자신의 깃털로 덮어주었고 짐승들은 자신의 털로 덮어주었어요. 그래서 알을 깨버리려는 시도는 수포로 돌아갔어요. 결국 왕은 알을 유화에게 돌려주었죠.

Geumwa, perplexe par l'histoire de la jeune femme, l'emmena dans son palais où il l'enferma dans une pièce sombre. Toutefois, elle ne put éviter la lumière ardente du soleil dont les plus chauds rayons l'étreignirent tendrement jusqu'à ce que la fille du dieu des eaux donnât naissance à un gros œuf.

Geumwa, en voyant cet œuf étrange, prit peur :

– Yuhwa, les dieux sont en colère contre toi. Tu es maudite tout comme le fruit de ton amour. Il faut nous débarrasser au plus vite de cette chose.

– Non ... implora Yuhwa, ne faites aucun mal à cet œuf.

Mais malgré les supplications de la fille du dieu des eaux, Geumwa se saisit de l'œuf et alla le jeter dans la cour, aux porcs et aux chiens pour qu'ils le dévorent. Mais, les bêtes n'y touchèrent pas. Alors, Geumwa jeta l'œuf dans la rue pour que les chevaux et les bœufs le piétinent. Mais les bêtes n'y touchèrent pas. Alors, Geumwa jeta l'œuf dans les bois, mais les oiseaux le couvrirent de leurs plumes et les bêtes de leur fourrure. Alors, Geumwa essaya en vain de briser l'œuf. Enfin de compte, le roi rendit l'œuf à sa mère.

하백의 딸은 알을 소중히 하여, 가장 부드러운 이불로 감싸 방에서 제일 따뜻한 곳에 두었어요. 유화는 알을 흔들어 달래고, 예뻐해 주고, 헤아릴 수 없는 정성으로 돌보았고, 그 끝에 어느 날, 껍질이 깨지며 진짜 아기가 나타났지요. 사람들은 이보다 더 잘 생기고 힘센 아기를 한 번도 본 적이 없었어요. 아이는 아주 어릴 적부터 현명하고 용감한 모습을 보였어요. 어린 소년에 불과했지만, 아이는 무술에 특별한 재능을 발휘했고, 특히, 양궁에 재능이 있어 화살이 절대 과녁을 빗나가지 않았어요. 그래서 사람들은 아이를, 〈훌륭한 궁수〉라는 뜻인 주몽이라 불렀지요.

주몽의 솜씨와 민첩함에는 견줄 자가 없었지만 금와왕의 일곱 아들 중 맏이인 대소는 달랐어요. 또한 주몽이 용기와 지혜로 모두에게 칭송을 받자, 대소는 질투심을 품기 시작했어요. 어느 날, 대소는 아버지와 서로 이야기를 했지요.

"아버지, 아시는 바와 같이, 주몽은 매우 용감합니다. 하지만 저는 주몽의 충성심을 확신하지 못하겠습니다. 주몽은 이제 아이가 아니고 저는 그의 태도가 위협적일 수도 있다는 있다는 예감이 듭니다. 주몽은 이 왕국에 대해 음모를 꾸밀 수 있는 가능성이 매우 크고, 주몽의 용기에 마음이 끌린 많은 병사들이 주몽을 따를 수도 있습니다."

"걱정스런 이야기구나, 아들아. 네 말이 맞는 것 같다. 주몽의 용기는 견줄 자가 없다 하더라도, 그의 충성심은 확인해 봐야 할 것이다."

La fille du dieu de l'eau choya l'œuf, l'enveloppa dans la plus douce des couvertures et le plaça à l'endroit le plus chaud de sa chambre. Elle le berça, le cajola, le couva de mille soins, tant et si bien qu'un jour, la coquille se brisa pour laisser apparaitre un véritable bébé. Jamais encore, on n'avait vu de nourrisson plus beau et plus fort. Très vite, il se montra sage et brave. Alors qu'il n'était encore qu'un garçonnet, il développa des aptitudes exceptionnelles pour les arts militaires, en particulier au tir à l'arc, ses flèches ne manquaient jamais leur cible. C'est pour cela qu'on l'appela Jumong ce qui veut dire :
« bon archer ».

Personne ne pouvait rivaliser son adresse et sa rapidité, pas même Daeso, l'aîné des sept fils du roi Geumwa. Et comme Jumong était également admiré par tous pour son courage et sa sagesse, Daeso commença à nourrir des sentiments de jalousie. Un jour, il s'entretint avec son père :

–Mon père, comme vous le savez, Jumong est très brave. Mais je ne suis pas certain de sa fidélité. Il n'est plus un enfant et je sens que son attitude pourrait devenir menaçante. Il est fort possible qu'il puisse comploter contre le royaume, et beaucoup de nos soldats attirés par sa vaillance pourraient le suivre.

–Tes paroles sont inquiétantes, mon fils et je pense que tu as raison, même si sa bravoure n'a pas d'égal, il nous faut nous assurer de sa loyauté.

그래서 왕은 주몽에게 말 두 마리를 맡겼어요. 한 마리는 기세가 힘차고 빛나는 털, 불꽃같은 갈기를 가진 혈기왕성하고 오만한 종마였지요. 두 번째는 보잘 것 없이 초라한 모습의 늙은 말로, 야위고 등뼈는 휜 데다 모양새 없이 기어 다녔어요.

"주몽아, 여기 말 두 마리가 있으니 이 말들을 돌보 거라." 왕이 명령했어요.

주몽은, 보통 마부들이 하는 일을 자신에게 맡기는 것이 이상하다고 느꼈지만, 왕이 단지 자신을 시험해 보는 것이라 생각했어요. 그래서 주몽은 별다른 질문 없이 시키는 대로 했죠. 주몽은 두 마리 말을 보면서, 둘 중 더 야윈 말에게 더 많은 정성이 필요할 것이라 생각했어요. 그래서 주몽은 그 말을 더 많이 돌보았지요. 글겅이로 빗겨주고 짚수세미로 문지르기를 더 자주 해 주었어요. 주몽은 하루치 사료인 귀리를 두 배로 늘렸고 거기에다 종종 큼직한 사과도 넣어주었지요. 몇 주 뒤, 늙고 볼품없던 말은 기름기가 흐르는 풍채에 털이 빛나는 말이 되었어요. 반대로 종마는 야위고 이제는 털에도 윤기가 흐르지 않았어요.

Alors, le roi confia deux chevaux à Jumong. L'un était un fier étalon fougueux, plein de force, à la robe brillante et la crinière flamboyante. Le second, une misérable rosse de piètre apparence, hâve, à l'échine courbe, qui se trainait sans allure.

– Jumong, voilà deux chevaux, je t'ordonne de t'en occuper, commanda le roi.

Jumong trouva étrange que le roi lui confie cette tâche réservée d'ordinaire aux palefreniers, et pensa que son roi voulait simplement le mettre à l'épreuve. Mais il ne se posa pas d'autres questions et il obéit.

En regardant les deux chevaux, il se dit que le plus maigre des deux devait avoir besoin de plus de soin. Alors, il s'en occupa d'avantage. Il l'étrilla et le bouchonna plus souvent. Il lui doubla ses rations d'avoine y glissant souvent une belle grosse pomme. Au bout de quelques semaines, la vieille rosse était devenue une bête d'allure grasse et à la robe luisante. L'étalon, par contre devenu hâve, affichait une robe bien plus terne.

어느 날, 왕은 주몽과 함께 사냥하러 가기로 했어요. 왕은 살찐 말을 선택했고 주몽에게는 야윈 종마를 주었어요. 아무리 모양새가 나아졌다고는 해도 늙은 말이 젊어지지는 못했지요. 반면에 종마는 야위긴 했어도 여전히 민첩했어요. 금와왕의 늙은 말은 잡목림 속에서 허우적대며 숨을 헐떡거렸죠. 주몽은 바람처럼 질주했고 번개처럼 빠른 그의 화살은 휙휙 소리를 냈어요.

이 일은, 대소와 다른 왕자들의 질투심을 불러일으킬 뿐이어서, 그들은 왕에게 주몽을 없애야 한다고 설득하기에 이르렀죠. 다행히도 그들의 대화를 들은 유화는 주몽에게 이를 알려주었어요.

"아들아, 네 목숨이 위험하다. 최대한 빨리 도망치거라. 네가 하늘에게서 받은 재능이 너를 보호해 줄 것이다."

그 날 밤, 주몽은 가장 친한 세 친구, 오이, 마리, 협보와 함께, 엄호수를 건너 나라를 떠날 생각으로 궁궐을 빠져 나왔어요. 하지만 일곱 왕자들은 곧 주몽의 도주 소식을 알게 되었지요.

복수심을 채울 수 없어서 화가 난 일곱 왕자들은 군대를 일으켜 도망자들을 뒤쫓기 시작했어요.

Un jour, le roi décida d'aller chasser avec Jumong. Il choisit le bon gros cheval et laissa, à Jumong, l'étalon efflanqué. Toutefois, la rosse, aussi fringante d'apparence qu'elle fût, n'en était pas moins vieille et usée. L'étalon, en revanche, bien que maigre, avait gardé toute sa vivacité. La carne du roi Geumwa s'essouffla dans les taillis où elle s'empêtra. Jumong, lui, fila comme le vent et ses flèches sifflèrent comme les éclairs.

Ce succès ne fit qu'attiser la jalousie et la haine de Daeso et des autres princes qui arrivèrent à convaincre le roi de la nécessité d'assassiner Jumong. Heureusement, Yuhwa surprit leur conversation et alla prévenir Jumong :

– Mon fils, ta vie est en danger. Tu dois fuir au plus vite. Tes dons célestes te protégeront.

La nuit même, Jumong, accompagné de ses trois meilleurs amis, Oï, Mari et Hyeopbo, s'échappa du palais avec pour intention de quitter le royaume en franchissant le fleuve Eomsu. Mais, les sept princes se rendirent vite compte de la fuite de Jumong. Fâchés de ne pouvoir assouvir leur vengeance, ils levèrent une troupe armée et partirent à la poursuite des fugitifs.

주몽과 세 친구가 강가에 도착했을 때, 그 강에는 다리가 없어서, 건널 수 없다는 사실을 깨닫고는 망연자실했어요. 물살이 너무 세고 수심은 깊었죠. 대소의 군대는 그들의 뒤를 바짝 쫓고 있어, 상황은 절망적으로 보였어요. 그래서 주몽은 조상님들께 간청하며 기도하기 시작했죠.

"저는 옥황상제님의 손자이자 바다 용왕님의 손자입니다. 제가 큰 위험에 빠졌으니 자연의 도움으로 제가 이 강을 건널 수 있도록 도와주세요."

주몽의 기도가 끝나자마자, 강물이 거품을 내며 부글거리기 시작했어요. 강에 사는 모든 물고기와 거북이들이 모여 살아있는 다리를 만들었고 주몽과 그의 친구들은 그 위를 지나 강을 건넜어요. 추격자들이 도착했을 때, 물고기들과 거북이들은 격렬한 물결 속, 깊숙한 곳으로 흩어졌죠.

건너편 강가에 이른 네 명의 사내는 광활한 모둔 계곡까지 여정을 이어갔어요. 그곳의 토양은 비옥하고 풍요로웠지요. 그렇지만, 이 땅에 살고 있는 세 부족은 찢어지게 가난했어요. 사람들은 확연히 굶주림으로 고통을 받고 있었어요. 그러나 주몽은 몇 가지 설비를 갖추고 훌륭한 조직을 만들면 이 부족들에게 닥친 불행을 해결할 수도 있다는 사실을 지적했지요.

Lorsque Jumong et ses amis arrivèrent sur les bords du fleuve, ils constatèrent avec stupéfaction qu'il n'y avait pas de pont et qu'ils ne pourraient pas traverser. Le courant était trop puissant et l'eau trop profonde. La troupe de Daeso était sur leurs talons, la situation semblait désespérée. Alors, Jumong invoqua ses aïeux et se mit à prier :

– Je suis le petit fils de l'empereur céleste et le petit fils du roi dragon de la mer. Je suis en grand danger, que les éléments me viennent en aide pour franchir ce fleuve !

Dès qu'il eut fini son invocation, l'eau se mit à bouillonner. Tous les poissons et toutes les tortues du fleuve se rassemblèrent pour former un pont vivant sur lequel Jumong et ses amis traversèrent. Quand leurs poursuivants arrivèrent, les créatures aquatiques se dispersèrent dans les profondeurs des flots tumultueux.

Une fois sur l'autre rive, les quatre hommes continuèrent leur voyage jusqu'à la vaste vallée de Modun. Le sol y était riche et fertile. Cependant, les trois clans, qui occupaient ces terres, vivaient dans une grande pauvreté. Et de toute évidence, les gens souffraient de la famine. Jumong remarqua, pourtant, qu'avec quelques aménagements et une bonne organisation, il pourrait remédier aux afflictions qui touchaient ce peuple.

그 당시에 주몽은 부족을 통치하는 세 부족의 원로들인 제사, 무골, 묵거를 만났어요. 자신들의 땅에까지 이른 젊은 사내의 위엄에 놀란 세 원로들은 주몽의 사연을 듣고 싶어 했지요.

"저는 금와왕의 양아들입니다." 청년 주몽은 간단히 자신의 신분을 밝혔어요. "저와 친구들은 제 조상이신 천제님과 바다의 용왕 하백님 덕분에 엄호수를 건널 수 있었습니다."

그의 고결한 기품에 탄복한 세 원로들은, 자신들에게 온 왕자의 말에 귀를 기울였어요. 주몽은 그들에게 모든 부족을 모아서 함께 새로운 왕국을 세우자고 제안했지요. 주몽은 국가의 정계를 다시 조직하고 세 원로에게 요직을 맡겼어요. 이 왕국은 순식간에 가난에서 벗어나게 되었죠. 그러고 몇 년 후, 졸본강의 물길과 주변 산세의 조화가 마음에 든 주몽은, 비옥한 그 연안 위에, 고구려라 이름 붙인 드넓은 왕국의 수도를 세웠어요. 한반도에서, 중국과 북쪽 경계가 맞닿은 고구려는 삼국시대의 세 왕국들 중 하나가 되었지요.

Jumong rencontra alors les trois sages, Jaesa, Mugol et Mukkeo, qui gouvernaient ces clans. Surpris par la dignité du jeune homme qui était parvenu jusqu'à leurs terres, les sages voulurent connaître l'histoire de Jumong.

–Je suis le fils adoptif et sans terre du roi Geumwa, se présenta simplement le jeune homme. Mes amis et moi avons pu traverser le fleuve Eom grâce à mes aïeux Chonjae, l'empereur céleste, et Haebek, le roi dragon de la mer.

Impressionné par tant de noblesse, les trois sages écoutèrent avec attention ce prince qui venait à eux. Jumong leur proposa de réunir tous les clans et de fonder avec eux un nouveau royaume. Il réorganisa la vie politique du pays et confia aux trois sages des postes importants. Rapidement, le pays sortit de la misère. Puis, quelques années plus tard, sur les rives fertiles de la rivière Jolbon, séduit par l'harmonie du cours d'eau et des montagnes alentour, Jumong fonda la capitale de son vaste royaume qu'il nomma Goguryeo. Celui-ci devint, sur la péninsule coréenne, à la frontière nord avec la Chine, l'une des trois nations puissantes de l'ère des trois royaumes.

고구려

Park Hyeok-Geose créa le royaume de Seorabal en 57 avant J.C. Ce même royaume prit plus tard le nom de Silla et s'acheva en 935. Il fut le plus puissant des états de l'époque des trois royaumes de Corée. Tour à tour il conquit les chefferies de Gaya au sud-est de la péninsule, puis le royaume Baekche à l'ouest en 660, et enfin au nord, le royaume Goguryeo en 668.

Le nom Hyeok-Geose (혁거세,赫居世) signifie : celui qui éclaire le monde.

박혁거세 전설
La légende de Park Hyeok Goesae

프랑스어 번역 박현정 Park Hyun-jung, 조정민 Cho Jeong-min,
박인수 Park In-su, 이재혁 Lee Je-hyuk
그림 김정희 Kim Jeong-hee

Bien avant l'époque des trois royaumes, dans la localité actuelle de Gumseong au sud-est de la péninsule coréenne, se trouvait la chefferie de Jinhan. Elle était si petite qu'elle ne comptait que six clans : les Yi, les Jong, les Son, les Choe, les Bae et les Sol. Un jour, les six sages de ces clans se réunirent sur les rives de la rivière Al pour tenir leur conseil. Les temps étaient troubles et chacun avait son mot à dire sur la situation :

– Il n'est pas bon que nos clans soient éparpillés, lança le plus vieux des Yi.

– Nous pourrions être attaqués à tout moment par de puissants ennemis, renchérit le vieux Jong.

– Nous devrions trouver un noble et glorieux roi, proposa le grand-père Son.

– Un roi sage qui nous gouvernerait avec bonté, ajouta le vieux Choe.

– Un roi qui nous défendrait avec force et courage, compléta le vieux Bae.

– Ainsi, notre pays trouvera sa voie et son équilibre, conclut le grand-père Sol.

삼국시대도 훨씬 이전, 한반도 남동쪽 금성은 진한의 땅이었어요. 이 땅은 정말 작아서 '이, 정, 손, 최, 배, 설' 여섯 씨족뿐이었죠. 어느 날, 여섯 씨족의 여섯 원로들이 알천이라는 강기슭에 모여 회의를 열었어요. 시절이 어수선하여 저마다 이 상황에 대해 할 말이 있었어요.

"우리 여섯 부족이 뿔뿔이 흩어져 있는 것은 좋지 않아요." 이 씨족의 원로가 먼저 말을 꺼냈어요.

"우리는 언제든 강력한 적의 공격을 받게 될 것이오." 정씨가 거들며 말했죠.

"위엄 있고 위대한 왕을 찾아야 합니다." 손 씨가 제안했어요.

"우리를 어질게 다스리실 현명한 왕이셔야겠지요." 최 씨가 덧붙였어요.

"힘과 용기를 가지고 우리를 보호해 주는 왕이기도 하고 말입니다." 배씨가 의견을 보충했지요.

"그렇게 된다면 우리나라는 제 길을 찾아 안정될 것입니다." 설 씨가 끝을 맺었어요.

원로들은 산에 올라가 그들의 뜻에 맞는 왕자를 보내달라고 하늘에 기원하는 의식을 거행했어요. 그런데 갑자기, 번개가 치는 바람에 기도가 중단되었지요. 하늘에서 무지개가 돌연 나타나 양산의 기슭, 바로, '나정'이라는 우물 안으로 내려온 내려왔어요.

여섯 원로들은 나정까지 달려갔고 그 곳에서 그들은 티 하나 없이 흰 빛의 위풍당당한 말을 발견했지요. 그 말은 대단한 인물에게 인사라도 하듯이 머리를 끄덕였어요. 원로들이 가까이 갔을 때, 이 짐승은 큰 소리로 울더니, 무지개로 뛰어올라 하늘로 날아갔죠. 우물 옆에서, 원로들은 거대한 붉은 알 하나를 발견했어요.

"이 붉은 알을 어떻게 하는 것이 좋겠소?" 정씨가 물었어요.

"그런데 그 안에 무엇이 들었을까요?" 손 씨는 염려가 되었지요.

"먹을 수도 있지 않을까요?" 최 씨가 제안했어요.

"천마의 알을? 미쳤소?" 배씨는 반대했어요.

"우리 중 최연장자께 물어봅시다." 설 씨가 이 씨 쪽으로 돌아서며 말을 맺었어요.

일초의 망설임도 없이, 노인은 소리쳤어요. "부숴버리시오."

Les vieux sages gravirent la montagne où ils accomplissaient leurs rites pour invoquer le ciel de leur envoyer un prince selon leurs volontés. Tout à coup, leurs prières furent interrompues par un éclair. Un arc-en-ciel jaillit des cieux et tomba au pied de la montagne Yang, juste dans le puits appelé Na.

Les six sages coururent au puits de Na, où ils trouvèrent, agenouillé, un majestueux cheval d'une blancheur immaculée. Ce cheval hochait la tête semblant saluer quelque chose. Lorsque les vieux hommes s'approchèrent, la bête hennit bruyamment, bondit sur l'arc-en-ciel et s'envola dans le firmament. Au pied du puits, les sages découvrirent un énorme œuf rouge.

– Qu'allons-nous faire de cet œuf rouge ? demanda le vieux Jong.

– Que peut-il donc contenir ? s'enquit le grand-père Son.

– On pourrait le manger, proposa le vieux Choe.

– L'œuf d'un cheval céleste ? Tu es fou, contredit le vieux Bae.

– Demandons à notre doyen, conclut le grand-père Sol en se tournant vers le vieux Yi.

Sans hésiter une seconde, le vieil homme lança :

– Cassez-le !

그래서 그렇게 하기로 했어요. 삽을 가지고, 단번에 껍질을 쪼갰지요. 그 때, 하늘과 땅이 흔들렸어요. 주위의 모든 새와 모든 동물들은 춤을 추기 시작했죠. 신비한 빛에 싸인 아기가 나왔거든요.

"천마의 아들처럼 빛나는 것 좀 보세요." 손 씨가 소리를 질렀어요.

"자네 말이 맞네." 최 씨가 말했어요. "해와 달도 이젠 빛이 덜 한 것 같이 보이는군."

"이 아이는 세상을 비추는 빛이요." 배씨가 거들며 말했죠.

"천마의 아들이 우리 왕이 되어야만 해요!" 설 씨가 덧붙였어요.

"그러면, 이 아이는 우리 씨족들을 완전하게 통일시킬 거요." 정씨가 더 보태어 말했어요.

"호리병박만큼이나 큰 알에서 태어났으니 성은 박 씨로, 그 빛이 세상을 비추니 이름은 혁거세라 붙입시다." 이 씨가 그렇게 결론을 내렸어요.

여섯 씨족 사람들은 어린 왕을 환호하며 맞아들였고 정숙한 왕비와 혼례를 올릴 수 있기를 바랐지요.

Ainsi fut fait. Du tranchant d'une pelle, d'un geste sec, on fendit la coquille. Au même moment, le ciel et la terre tremblèrent. Tous les oiseaux et tous les animaux des alentours se mirent à danser. Un bébé enveloppé d'une mystérieuse aura venait d'éclore.

– Regardez comme le fils du cheval céleste étincelle, lança le grand-père Son.

– Oui, tu as raison, dit le vieux Choe, et il me semble même que le soleil et la lune brillent moins intensément maintenant.

– Il est la lumière qui éclaire le monde, renchérit le vieux Bae.

– Le fils du cheval céleste doit devenir notre roi ! ajouta le grand-père Sol.

– Ainsi, il unifiera nos clans, compléta le vieux Chong.

– Puisqu'il est né d'un œuf aussi gros qu'une calebasse, nous l'appellerons Park et comme sa lumière éclaire le monde, nous lui donnerons Hyeok-Geose comme prénom, conclut le vieux Yi.

Les gens des six clans acclamèrent l'enfant-roi et souhaitèrent qu'ils puissent se marier avec une reine vertueuse.

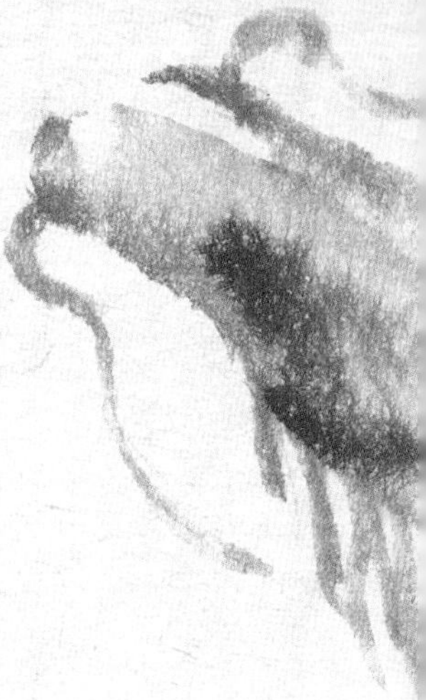

행운은 언제나 연이어 닥치는 법이라, 같은 날, 하늘에서 닭의 머리를 한 암컷 용 한 마리가, 또 다른 우물, 알영정으로 내려왔어요. 여섯 원로들은 이 기적을 보기 위하여 달려왔지요. 그들이 다가갔을 때, 이 짐승의 왼쪽 옆구리에서 싹이 피는 것을 보았어요. 봄에 피는 꽃처럼 싹이 벌어졌을 때, 꽃잎 안에서 아기가 나왔죠. 여자 아이였고, 세상에서 최고로 귀여운 아기였지만, 이상한 점은, 입술의 자리에, 흉측한 새의 부리를 가지고 있는 것이었어요.

그래서, 여섯 원로들은 아이를 안고, 당장에 아이를 씻기러 강가로 갔어요. 원로들이 흐르는 물에 아이를 담그자마자, 새의 부리는 떨어져 나갔고, 그 자리에 앵두 빛의 매력적인 입술이 나타났지요. 여섯 원로들은 환호했고, 용이 나타난 우물의 이름이 알영이었으므로, 이 깜찍한 여자 아기를 알영이라 부르기로 했어요.

Comme un bienfait ne vient jamais seul, le même jour, un dragon femelle à tête de coq descendit des cieux dans un autre puits, le puits d'Aryeong. Les six sages accoururent pour voir le prodige. Quand ils s'approchèrent, ils virent sur le flanc gauche de la bête s'épanouir un bourgeon. Lorsqu'il éclata comme une fleur au printemps, on découvrit dans ses pétales un bébé. C'était une fille, la plus gracieuse qu'il put exister, mais, chose étrange, à la place de la bouche, elle avait un affreux bec d'oisillon.

Alors, les vieux sages saisirent le bébé et allèrent immédiatement le laver à la rivière. Dès qu'ils plongèrent le nourrisson dans l'eau vive, le bec d'oisillon se détacha pour laisser place à de charmantes lèvres couleur cerise. Les six sages applaudirent et décidèrent d'appeler cette ravissante petite fille, Aryeong, car c'était là, le nom du puits où le dragon était apparu.

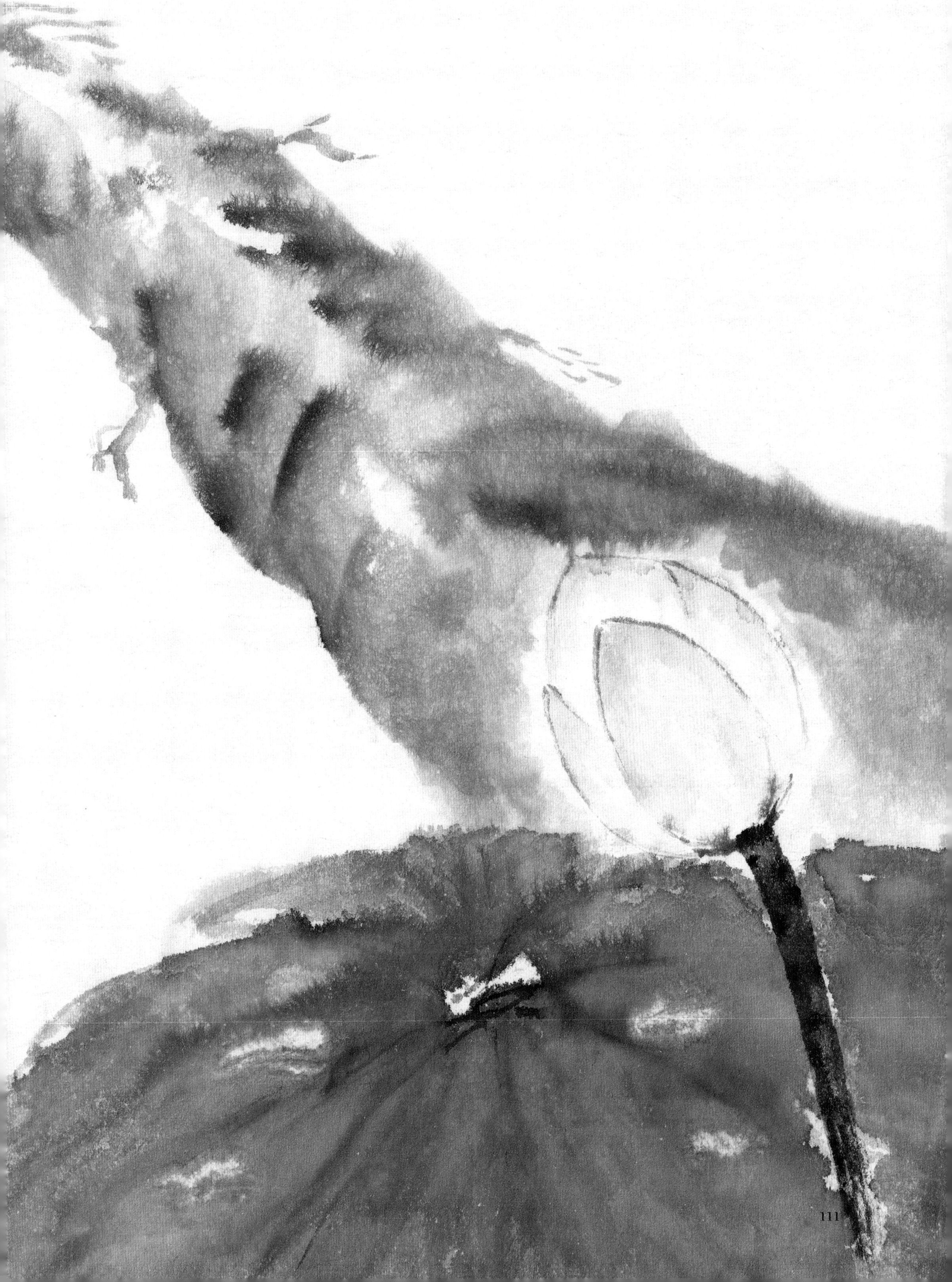

몇 해가 지났고, 여섯 원로들은 자주 모여 두 아기를 돌보았어요. 그리고 그들은 이 신성한 아이들을 기를 궁궐터를 세심하게 고르기 위해서 흙의 성분들도 연구했지요. 왕자와 공주는 특별히 원기왕성하게 자라났고, 그 아름다움과 지혜는 누구와도 비견할 수 없었죠. 그래서 원로들은 기뻐했어요.

혁거세 왕자와 알영 공주의 13번째 생일날, 두 사람은 혼례를 올리고 왕위에 오르게 되었어요. 새로운 왕이 즉위하며, 자신의 왕국을 서라벌이라 칭했고, 자신에게는 거서간이라는 칭호를 정했지요. 그 때부터, 그 나라는 점점 더 강해졌어요. 두 사람의 탁월한 지혜로 자연을 관찰한 덕분에, 왕과 왕비는 왕국 곳곳에 양잠업을 발전시켰어요. 그래서 서라벌의 비단은 순식간에 동양 전체에서 가장 아름답고 가장 세련된 것이 되었지요.

통치 62년 만에, 박혁거세는 하늘로 올라갔어요. 7일 뒤에, 시신은 재가 되어 땅으로 다시 떨어졌고, 알영 왕비의 영혼은 하늘에서 남편과 다시 만났어요.

Les années passèrent, les six sages se réunissaient souvent pour s'occuper des deux bébés. Puis, ils étudièrent les éléments telluriques pour choisir avec minutie l'emplacement du palais où ils allaient élever les enfants sacrés. Le prince et la princesse grandirent avec une vigueur exceptionnelle, leur beauté et leur sagesse n'avait nul autre pareil. Et les vieux sages s'en réjouissaient.

A l'occasion de l'anniversaire des treize ans du prince Hyeok-Geose et de la princesse Aryeong, on célébra leur mariage, et on les couronna. Quand le nouveau roi monta sur son trône, il nomma son royaume Seorabal et lui-même, prit le titre de Guseokan. Dès lors, le pays devint de plus en plus puissant. Grâce à leur grande sagesse et à l'observation de la nature, le couple royal développa la sériciculture dans tout le royaume. Et les soieries de Seorabal devinrent rapidement les plus belles et les plus fines de tout l'orient.

Après soixante et deux ans de règne Park Hyeo-Geose monta au ciel. Sept jours plus tard, les cendres de son corps retombèrent sur terre et l'âme de la reine Aryeong rejoignit son époux dans les cieux.

서라벌 백성들은 재가 된 왕과 왕비의 유해 위에서 울었어요. 백성들은 그들을 같은 땅에 매장하려 했지만 거대한 뱀이 나타나서 방해를 했죠. 그래서 백성들은 유해를 다섯 개의 단지에 나누어 담았어요. 그러고 나서, '뱀의 무덤'이라고 부르는 다섯 개의 능을 만들고 그 안에 사당을 지었어요.

몇 년 후, 서라벌 왕국은 신라로 이름을 바꾸고, 천년 동안 명맥을 이어갔대요.

Le peuple de Seorabal pleura au-dessus des cendres du couple royal. Les gens voulurent les inhumer dans le même tertre, mais un immense serpent apparut et les empêcha. Alors, on répartit les cendres dans cinq jarres. Puis, on bâtit un sanctuaire dans l'enceinte duquel on éleva cinq mausolées que l'on nomma la tombe du serpent.

Quelques années plus tard, le royaume de Seorabal changea de nom pour celui de Silla, et dura mille ans.

Ondal (온달, 溫達, ? ~ 590), ou *babo* Ondal qui signifie Ondal le sot.

Le royaume de Goguryeo (고구려, 高句麗) (-37 à 668), couvrant un large territoire s'étendant de la Manchourie du sud (autour du fleuve Tongjiajiang) jusqu'à une grande partie du nord de la Corée, était le plus vaste état coréen à l'époque dite des trois royaumes. Les deux royaumes coréens voisins étaient Baekje et Silla.

Le *hanja* (한자,漢字) désigne l'écriture de la langue coréenne qui utilise les idéogrammes chinois. Particulièrement difficile à apprendre, ce système d'écriture réservé aux élites, à la noblesse et aux lettrés était, en Corée, le seul qui existait avant l'invention du *hangeul* (한글), au XVe siècle sous l'impulsion du grand roi Sejong (세종,世宗) dans le but d'alphabétiser le peuple. Actuellement on trouve encore certains caractères *hanja* dans la presse quotidienne.

바보온달 전설
La légende de Ondal le sot

프랑스어 번역 배근혜 Bae Keun-hye,
윤해정 Youn Hyeon-jeong, 정미나 Jeong Mi-na
그림 이승복 Lee Seung-bok

고구려 왕국에, 분별력이 떨어져 사람들이 무슨 말을 하던지 철석같이 믿는 청년이 있었어요. 그 청년의 이름은 온달이었지요. 많은 사람들은 세상 물정 모르는 온달을 비웃었고, 그 사람들 중 대다수는 온달에게 장난을 쳐서 골탕을 먹이기도 했죠. 그의 순진함은 좀 지나쳐서, '온달'이라는 그 이름은, 온 나라 안에서, 경솔한 짓을 하는 사람을 비웃으며 조롱하는 말이 되었어요.

사실, 온달은 다른 사람들보다 더 멍청하지 않았어요. 너무 성실해서, 사람들처럼 교활하게 자기만 눈에 띄기를 바라지 않을 뿐이었죠. 온달의 친절하고 밝은 성격은 계산 없이 진실 된 것이었어요. 온달이 바라는 한 가지는 연세가 많으신 어머니께서 행복하실 수 있게 도와드리는 것이었어요. 예를 들어, 어머니께서 시장에 가고 싶어 하실 때 마다 온달은 어머니께서 피곤하지 않도록 업어드리곤 했죠. 하지만, 몸집이 작은 온달은 어머니의 무게 때문에 구부정하게 걸었고, 그 모습은 우스꽝스러워 사람들에게 큰 웃음거리가 되었어요.

Dans le royaume de Goguryeo, il y avait un garçon qui manquait tellement de jugeote qu'on pouvait lui faire gober n'importe quoi. Il s'appelait Ondal. Nombreux étaient ceux qui se moquaient de lui à cause de sa naïveté, et beaucoup parmi ceux-ci lui faisait des mauvais tours pour le ridiculiser. Sa candeur était si grande que son nom « Ondal » était devenu, dans tout le royaume, une sorte de quolibet qu'on lançait d'un sourire narquois à quiconque faisait une étourderie.

En fait, Ondal n'était pas plus sot qu'un autre. Trop sincère, il n'avait pas cette malignité des gens qui veulent briller. Sa gentillesse et sa gaité étaient sans calcul aucun. Lui, ce qu'il voulait c'était simplement aider sa pauvre vieille mère, pour qu'elle fût heureuse. Par exemple, chaque fois qu'elle voulait se rendre au marché, Ondal la portait sur son dos pour qu'elle ne se fatiguât pas. Mais le spectacle de ce garçonnet plié en deux sous le poids de sa vieille mère paraissait grotesque et faisait beaucoup rire les gens.

그 시대에, 평원왕에게는 온달보다 어린 평강이라는 딸이 있었어요. 이유는 알 수 없지만, 평강공주는 어렸을 때, 울음을 그치지 않았고 눈물은 시냇물 같이 흘러내리곤 했죠. 아버지는 짜증스러웠고 도저히 참을 수 없는 지경에 이르면,

"평강아, 너 계속 그렇게 울면, 나중에 바보 온달한테 시집보낸다."라며 겁을 주곤 했어요.

시간은 흘러, 평강공주는 아주 아름다운 아가씨가 되었지요. 결혼 할 나이가 되었을 때, 평원왕이 말했어요.

"딸아, 이제 네게 배우자로 맞이할 이웃나라의 왕자를 골라줄 때가 되었구나."

"아니 될 말씀이옵니다. 아버지" 공주가 대답했어요. "오래전부터 아버지는 저를 온달님에게 보낸다고 약속하셨으니 저는 그 분과 결혼하고 싶어요."

A la même époque, le Roi Pyeong-won avait une fille, Pyong-gang, à peine plus jeune qu'Ondal. On ne sait pourquoi, lorsque la princesse était petite, elle n'arrêtait pas de pleurer et elle versait continuellement des torrents de larmes. Cela agaçait son père qui, alors dans ses excès de mauvaise humeur, ne cessait de répéter :

–Pyong-gang, ma fille, si tu continues de pleurer, je te marierai à Ondal.

Le temps passa, la princesse Pyong-gang devint une très jolie jeune femme. Quand elle devint en âge de se marier, son père lui annonça :

–Te voilà femme, il est temps maintenant de te choisir un prince pour époux.

–Cela n'est pas possible mon père, répondit la princesse. De longue date, vous m'avez déjà promise à cet Ondal. C'est avec lui que je veux me marier.

평원왕은 불같이 화를 냈지만, 평강은 더 이상 듣고 싶어하지 않았어요. 그래서 왕은 공주를 궁궐에서 쫓아냈지요. 그 전에 평강은 가지고 있던 반지, 팔찌, 특히 금은이나 옥으로 만들어진 비녀 등 모든 보석들을 보따리에 집어넣었어요. 그러고 나서 평강은 온달 어머니의 집을 찾아갔고, 며느리로 받아달라고 노모에게 애원했지요. 이 노부인은, 공주의 방문이 기분 좋은 일이긴 했지만 이렇게 거절했어요.

"좋은 생각이 아닌 것 같습니다. 공주마마. 제 아들은 공주님께 가당치도 않은 바보일 뿐 입니다. 게다가 저희는 매우 가난해서 공주님께서 궁궐에서 누리셨던 그 모든 것을 해드릴 능력이 없습니다."

하지만 공주는 오히려 어머니를 안심시켜드렸어요.

"어머님, 걱정 마세요. 저는 진심으로 어머님과 아드님과 함께 살고 싶고, 그렇기에 모든 것을 참아낼거예요. 제가 어렸을 때부터 아버지께선 제 운명을 아드님께 맡기기로 약속하셨거든요."

La colère du roi fut terrible, mais Pyong-gang ne voulut rien entendre. Alors, le roi chassa sa fille du palais. Avant de partir, elle glissa dans son balluchon tous ses bijoux, ses bagues, ses bracelets, et surtout ses épingles à chignon en argent, en or et en jade. Puis, elle alla se réfugier chez la mère d'Ondal où elle implora la vieille femme de l'accepter comme belle-fille. La vieille femme, bien que flattée qu'une princesse vienne frapper à sa porte, refusa :

– Je ne pense que cela soit une bonne idée. Mon fils n'est qu'un ballot indigne d'une princesse. Et puis nous sommes bien trop pauvres, nous ne pouvons pas vous offrir tout ce que vous aviez au palais.

Mais Pyong-gang rassura la vieille femme :

– Ne vous inquiétez pas, ma mère. Je supporterai tout très bien car de tout mon cœur, je veux vivre avec vous. Lorsque je n'étais qu'une enfant, mon père a scellé mon destin à votre fils.

공주는 이렇게 온달 집에서 살게 되었지요. 온달을 자신의 신분에 맞는 남편으로 만드는데 마음을 쓰게 된 평강공주는 책, 먹, 종이와 붓을 사기 위해 반지 몇 개를 팔았어요. 그러고 나서 공주는 가장 많이 쓰이는 천자의 한자를 온달에게 가르쳐 주었죠. 온달은 오히려 공부에 재능을 보이는 학생이어서 곧 잘 읽고 쓸 수 있게 되었어요. 그 후 평강공주는 온달에게 조언했지요.

"서방님, 이제 한자를 익히셨으니 무술도 배우셔야 해요. 비녀들을 가져가 팔아오세요. 그리고 그 돈으로 궁궐 마구간의 망아지 한 마리를 사 오세요."

온달은 아내가 시키는 대로 했어요. 그렇게 매일 공부를 했고, 온달이 책을 내려놓는 것은, 말 타기와 활쏘기, 검도 등 전투 기술을 익히는 시간뿐이었어요. 매일 아침 온달은 말을 타고 산에 가 사냥을 했어요. 온달과 군마는 힘차게 사냥에 성공했고, 그 둘은 곧 사람과 동물이 하나가 된 것처럼 보였죠.

공부와 무술 훈련에 전념한 끝에 온달은 현명해지고 강해졌어요. 그리고 그 순간부터 표정에서도 용맹함과 당당함이 드러나기 시작했죠. 그를 바보라고 놀렸던 사람들이 이제 그 모습에 감탄을 할 정도로 온달은 변화되었어요. 온달이 고개를 꼿꼿이 들고 귀티 나는 모습으로 길을 걸어갈 때면, 사람들이 수군거리는 소리가 들렸어요.

"아니 정말? 저 사람이 온달이라고? 그 바보 온달?"

"아, 글쎄 그렇다니까요……. 엄청 변했어요!" 대답했지요.

"정말 믿기 힘든 일이군!"

C'est ainsi que la princesse s'installa chez Ondal. Soucieuse d'avoir un époux digne de son rang, elle vendit quelques une de ses bagues pour acheter des livres, de l'encre, du papier et des pinceaux. Ensuite, elle enseigna à son mari les mille premiers caractères hanja. Ondal se montra un élève plutôt doué et il sut rapidement lire et écrire. Par la suite, Pyong-gang lui conseilla :

– Mon époux, maintenant que vous connaissez vos lettres, il vous faut étudier l'art militaire. Prenez ces épingles à chignons et vendez-les. Puis avec l'argent achetez un de ces jeunes chevaux des écuries royales.

Ondal fit ce que son épouse lui avait recommandé. Puis, il continua à étudier chaque jour, et il ne délaissait ses livres que pour se consacrer à l'équitation, au tir à l'arc, au sabre et à toutes les techniques de combat. Chaque matin, Ondal se rendait à cheval à la montagne pour chasser. Lui et son destrier gagnèrent en vigueur ; bientôt, l'homme et la bête ne firent qu'un.

A force d'études et d'exercices, Ondal devint sage et fort. Et à partir de ce moment, le courage et la détermination se lisait sur son visage. Il avait à tel point changé que ceux, qui jadis se moquaient du sot, commencèrent à admirer le guerrier. Quand Ondal marchait dans la rue, le front haut et noble, on entendait maintenant sur son passage :

– Est-ce bien vrai ? Cet homme-là est bien Ondal ? Ondal le sot ?

– Si c'est bien lui … Il a bien changé ! répondait-on.

– Ce n'est pas croyable !

그러나 늘 순수하고 겸손했던 온달은 아무 것에도 개의치 않았어요. 사람들이 칭찬하는 그 장점들이라는 것이 예전에 자신을 우스꽝스럽게 보이게 했던 어리석은 짓들보다 더 마음에 들지는 않았던 것이죠. 그러던 어느 날, 왕궁의 전령들이 음력 삼월 삼일에 큰 사냥 대회가 열릴 거라고 방방곡곡에 알렸어요. 매년 그 날엔 하늘, 산, 강의 정령들에게 제사를 지냈고, 그렇기에 제물로 바칠 짐승이 필요했던 것이었지요. 평강공주는 이 소식에 매우 기뻐했어요. 만약 온달이 아버지 평원왕의 눈에 띌 수 있다면, 자신에 대한 마음을 바꿔 온달을 마침내 사위로 받아들일 수도 있을 거라 생각했거든요.

"서방님, 이 대회에 참가하고 싶지 않으세요?" 평강공주가 물었어요. "저는 서방님이 이 대회에서 우수한 성적을 내실 수 있는 모든 자격을 갖추셨다고 확신해요."

"저런! 공주, 당신은 너무 큰 꿈을 가지고 있는 것 같아요. 저는 보잘 것 없는 촌사람일 뿐이에요. 어떻게 저와 같은 얼뜨기가 우리나라의 훌륭한 청년들과 겨룰 수 있겠어요?"

"그저 최선을 다하시면 돼요." 평강공주가 대답했어요. "그것만으로도 기쁠 거예요."

Toutefois, Ondal, toujours simple et modeste, ne se rendait compte de rien. Les qualités, dont on l'encensait, ne le touchaient pas plus que les niaiseries dont on l'affublait avant qu'il ne s'instruise.

Et puis un jour, les hérauts du palais vinrent annoncer, sur toutes les places des villes et des villages, le grand concours annuel de chasse pour le troisième jour du troisième mois lunaire. Car ce jour, on rendait un culte aux esprits du ciel, des montagnes et des rivières. Cette nouvelle enchanta Pyong-gang : Si Ondal pouvait s'y faire remarquer, le roi, son père, reconsidèrerait peut-être son sentiment envers elle et pourrait finalement accepter Ondal comme gendre.

– Mon mari, ne voudriez-vous pas participer à ce concours ? demanda Pyong-gang. Je suis certaine que vous avez maintenant toutes les qualités requises pour y faire bonne figure.

– Hélas, ma princesse, vous vous faites trop d'illusions. Je ne suis qu'un piètre paysan. Que ferait un nigaud comme moi au milieu des grands de notre royaume ?

– Si vous faisiez simplement de votre mieux, répondit Pyong-gang, j'en serais heureuse.

Quand le jour du concours de chasse arriva, Ondal y participa. Et comme l'avait prédit la princesse, il s'y distingua de manière extraordinaire. A la course, son cheval fut le plus rapide, à l'arc il était toujours le plus adroit. Et durant tout le concours, il se montra d'une telle ingéniosité qu'il força le respect de tous ses adversaires.

Le roi Pyeong-won, qui n'avait pas reconnu l'idiot du village, ne tarissait pas d'éloge sur ce jeune homme qui réalisait prouesses sur prouesses. Quand le roi le fit venir à lui pour le féliciter, il annonça :

– Voilà, un jeune homme plein d'adresse et d'habileté. Ce sont des hommes braves et vaillants de cette trempe qu'il nous faut pour diriger notre armée. Qui donc es-tu ? Allons, parle sans crainte, et je te récompenserai.

Humblement, Ondal s'approcha plein de déférence, et répondit bonnement :

– Je suis ce stupide Ondal marié à votre fille Pyong-gang.

A ces mots le roi éclata de rire, et pour la première fois, il serra Ondal dans ses bras. Puis, pour sceller sa reconnaissance, il clama d'une voix forte pour que tous l'entendent.

– Je suis heureux d'avoir un gendre si beau et si fort ! Avec lui à mes côté, le royaume Goguryeo sera en sécurité.

사냥 대회 날이 되자, 결국 온달은 참가했어요. 그리고 공주의 예견대로 온달은 가장 눈에 띄었지요. 온달의 말은 경주에서 제일 빨랐고, 온달은 궁술에 가장 능숙했죠. 경기 내내 능수능란한 기량을 펼쳐 경쟁자들까지 온달에게 존경심을 느낄 수밖에 없었어요. 동네 바보와 같은 사람임을 알아채지 못한 평원왕은 시합에서 승승장구하는 이 청년에 대해 입이 마르도록 칭찬했어요. 그리고는 온달을 불러 축하를 했지요.

"자, 인품도, 무술도 뛰어난 젊은이여. 저들은 우리 군대를 이끄는데 필요한 용감하고 강인한 병사들이었네. 대체 자네는 누구인고? 두려워 말고 어서 말하게. 내가 큰 상을 내릴 것이네."

온달은 겸손하게 예의를 갖추며 다가와 솔직하게 대답했어요.

"저는 평강공주님과 결혼한 그 바보 온달입니다."

이 말에 왕은 웃음을 터뜨렸고 처음으로 온달을 안아주었어요. 그리고 그를 사위로 인정하게 됨을, 모든 사람이 들을 수 있도록 큰소리로 선포했지요.

"짐은 이렇게 잘생기고 강인한 사위를 얻게 되어 매우 기쁘다! 온달과 함께라면 고구려가 태평성대를 이루게 될 것이다!"

이로부터 얼마 후인 658년, 중국 대륙의 북쪽에 자리 잡았던 당나라가 고구려를 공격했고, 평원왕은 온달에게 수비대의 지휘를 명령했어요. 호랑이 보다 더 용감한 온달은 한 번에 십여 명씩 수백 명 적의 목을 베어버렸어요. 곧 그의 병사들도 온달의 뒤를 따랐고, 당나라 군사들의 머리가 전쟁터에 나뒹굴게 되었지요. 엄청난 승리를 거둔 온달이 궁궐로 돌아왔을 때, 왕은 온달을 나라의 모든 부대를 지휘하는 제일 높은 장군 자리에 앉혔어요.

그 후로 몇 년이 지나, 이번엔 신라군이 고구려 남쪽 국경인 한강을 건너 공격해왔지요. 대장군 온달은 침략을 막기 위해 병사들을 불러 모았어요. 전쟁터에 나가기 직전, 온달은 아내인 평강공주에게 맹세했죠.

"나는 적들을 다 물리치지 않고는 당신 곁으로 돌아오지 않을 것을 맹세하오."

"저는 이제 당신이 용맹한 사람인 걸 알고 있어요." 공주는 온달에게 답했어요. "그리고 당신의 소원이 이루어지길 바랄게요."

Quelques temps plus tard, lorsqu'en 658 les Tang, au nord de la Chine, attaquèrent le royaume de Goguryeo, Pyeong-won confia à Ondal le commandement d'une garnison. Plus brave qu'un tigre, Ondal coupa par dizaines de centaines les têtes ennemies. Bientôt imité par ses soldats, les têtes des Tang roulèrent sur le champ de bataille et ce fut en vainqueur triomphant qu'Ondal revint au palais où le roi le nomma grand général de toutes les armées du royaume.

Quelques années plus tard, l'armée du royaume du Silla franchit le fleuve Han à la frontière sud du Goguryeo, pour à son tour envahir le pays. Le grand général Ondal rassembla son armée pour contenir l'invasion. Puis, juste avant de partir à la guerre, Ondal jura à sa femme Pyong-gang :

– Je fais serment ici que je ne reviendrai auprès de vous qu'après avoir chassé tous nos ennemis.

– Je reconnais ici votre bravoure, lui répondit la princesse. Et je souhaite de tout cœur que votre vœu de victoire se réalise.

온달은 군의 최선봉에서 침략자인 신라군에 맞서서 치열하게 싸웠어요. 하지만 불운하게도, 아단성 근처에서 적이 쏜 화살은 온달의 심장을 꿰뚫었어요.

사람들이 온달의 시신을 묻기 위해 도읍으로 옮기려 했을 때, 관이 움직이질 않았어요! 마치 전선 위에 몸을 붙여 놓은 것 같았지요. 평강공주가 이 슬픈 소식을 듣고 곧장 죽은 낭군의 곁으로 달려갔어요. 슬픔에 잠긴 평강공주는 관을 부드럽게 어루만지면서 속삭였지요.

"이제 편히 쉬세요. 당신의 맹세를 풀어드릴게요."

공주의 위로를 받은 온달 장군의 영혼은 자신의 맹세에서 풀려나게 되었어요. 마법은 풀렸고, 도읍까지 관을 옮겨 영웅의 장례식을 치를 수 있었죠.

몇 달 후, 신라는 자신들의 패권을 주장하며 고구려를 정복했고 한반도 전체에 강력한 왕국을 건설했어요.

A la tête de ses troupes, Ondal livra un combat acharné contre l'envahisseur du Silla. Malheureusement, lors d'une bataille aux abords de la forteresse d'Atan, une flèche ennemie lui transperça le cœur.

Quand on voulut transporter le corps d'Ondal à la capitale pour son inhumation, le cercueil refusa de bouger. Il était comme scellé sur la ligne de front. Dès que la princesse Pyeong-gang apprit cette nouvelle, elle se rendit au chevet de son époux défunt. Eplorée, elle caressa tendrement le cercueil et lui murmura :

– Reposez en paix, je vous délivre de votre serment.

Ainsi consolé, l'âme du général Ondal fut libérée de sa parole. Le charme se rompit et l'on put enfin déplacer le cercueil jusqu'à la capitale, où l'on célébra les funérailles du héros.

Quelques mois plus tard, le Silla, affirmant sa suprématie, conquit tout le Goguryeo, et créa un puissant royaume sur toute la péninsule coréenne.

Kyungmun (경문, 景文) fut le quarante-huitième roi du Silla, il régna de 861 à 875.

Les *hwarang* (화랑) étaient une caste de guerriers similaires à nos chevaliers médiévaux.

경문왕의 귀
Les oreilles du roi Kyongmun

프랑스어 번역 이한나 Lee Han-na,
이정진 Lee Jeong-jin, 박민지 Park Min-ji
그림 Marcela Dvořáková

응렴은 소문난 화랑이었어요. 신라의 임금님이 응렴에게 다음과 같이 물었을 때, 응렴은 겨우 20살이었지요.

"너는 나이는 젊지만 눈빛을 보니 전국을 두루 돌아다녔을 것이라 짐작이 간다. 네가 본 것 중 가장 아름다운 것이 무엇인지 말해 줄 수 있겠느냐?"

"전하, 저는 아름다운 풍경도 좋았지만 그보다 사람들이 더 흥미로웠습니다." 응렴이 공손하게 대답했어요.

"고귀한 견해로구나. 이야기를 들려다오." 임금님은 탄복하며 말했어요.

"네. 첫째는, 명망 있는 대신 자리에 앉을 자격이 충분한데도 조그마한 땅에 만족하며 그 자리를 내어 준 사람입니다. 두 번째는 막대한 재산이 있는데도 초라한 무명옷만 입는 고결한 사람입니다. 마지막으로 세 번째는 대단한 명문가 출신임에도 어떠한 상황에서도 높은 신분을 노출시키지 않는 사람입니다."

"내 옆에 이토록 덕이 높은 화랑이 있다니 만족스럽다." 임금님이 매우 기뻐하며 대답했어요. "내게는 두 딸이 있는데 가장 네 마음에 드는 딸을 너에게 주겠노라."

Ungnyom était un fier chevalier hwarang. Il avait, tout juste, vingt ans quand le roi du Silla lui demanda :

– Tu es jeune, mais dans ton regard on devine que tu as parcouru tout notre royaume. Peux-tu me dire ce que tu as contemplé de plus beau?

– Votre majesté, répondit humblement Ungnyom. Je trouve plus d'intérêts dans les hommes que dans les paysages aussi beaux soient-ils.

– Quelle noble vision, s'exclama le roi, raconte nous ton histoire.

– Eh bien, le premier était un homme qui céda son siège de ministre pour un simple titre de propriété bien qu'il fût hautement qualifié pour ce poste prestigieux. Le second était un homme généreux qui ne portait que de pauvres vêtements de coton malgré sa fortune. Enfin, le troisième était un homme qui n'exposait son rang en aucune circonstance, alors qu'il était de très haute naissance.

– Je suis heureux, répondit le roi enchanté, d'avoir à mes côtés un chevalier si vertueux. J'ai deux filles, je te donne celle qui te plaira le plus.

집에 돌아온 화랑은 이 기쁜 소식을 부모님께 알렸고 부모님은 첫째보다 훨씬 더 예쁜 둘째를 선택하라고 조언해주셨지요. 하지만, 이튿날에, 화랑단을 이끄는 무술스님은 오히려 첫째를 선택하라고 조언했어요.

스님이 말했지요. "나를 믿고 첫째를 택하거라, 네가 내 조언을 따른다면, 언젠가 세 가지 복이 무엇인지 밝혀줄 것이다."

응렴은 상관의 충고를 따라 임금님의 첫째 딸을 아내로 맞아들였어요. 겨우 세 달이 지나, 임금님은 중병에 걸렸고, 죽는 순간, 임금님은 이렇게 선포했어요.

"유감스럽구나! 나는 왕좌를 물려 줄 아들을 잇지 못하였다. 그러나 마음으로 계승자를 정해 놓았다. 내 첫째 딸의 남편인 응렴이 너희들의 임금이 될 것이다."

다음 날, 임금님이 죽자, 응렴은 왕위에 올라 왕국을 통치하는데 쓰이는 '경문'이라는 이름을 선택했지요.

"전하, 만세를 누리시옵소서 !" 스님이 외쳤어요.

De retour chez lui, le chevalier annonça la bonne nouvelle à ses parents qui lui conseillèrent de choisir la cadette bien plus jolie que l'aînée. Mais le lendemain, le moine-guerrier, qui dirigeait la troupe des hwarang, lui conseilla de choisir plutôt l'aîné.

– Fais-moi confiance, lui dit le moine. Prends l'aînée, et si tu suis mon avis, je te révèlerai, un jour, trois bénédictions.

Ungnyom écouta son supérieur et prit pour épouse la fille ainée du roi. A peine trois mois plus tard, le roi tomba gravement malade et lorsqu'il fut à l'article de la mort, il déclara :

– Hélas ! Je n'ai pas de descendance mâle pour reprendre le trône, cependant mon cœur a choisi mon héritier. Ungnyom, le mari de ma fille ainée, sera votre roi.

Le lendemain, le roi mourut, Ungnyom monta sur le trône et choisit le nom de Kyongmun pour régner sur le royaume.

– Que notre roi vive dix mille ans ! s'exclama le moine-guerrier.

그러고 나서 잠시 후, 단 두 사람만 남게 되었을 때, 화랑의 지도자는 털어놓았어요.

"이제 임금님 혼례의 세 가지 복을 밝힐 때가 되었습니다."

"말해 보시게." 경문왕이 대답했어요.

"무엇보다 먼저, 두 공주 중 미모가 덜한 첫째와의 결혼으로 임금님은 공주님의 부모님을 영광스럽게 하셨고 그분들을 행복하게 하셨지요. 다음은, 이 결혼 덕분에 왕위가 임금님께 돌아온 것이죠. 끝으로, 이제 임금님은 왕의 자격으로, 둘째를 두 번째 아내로서 택하실 수 있습니다."

기분 좋은 새 임금님은 진심으로 스님에게 고마워했고, 그를 왕국의 대고문로 임명했지요.

경문왕의 통치 기간 중 전해지는 이야기에 따르면, 밤이 되자, 셀 수 없이 많은 뱀들이 임금님의 침실로 들어가 침대에서 똬리를 틀었다고 해요. 아내들과 후궁들은 그 때문에 겁에 질렸지만, 임금님은 이 뱀들이 없으면 편안하게 잘 수가 없다고 주장했지요. 실제로, 경문왕이 잠자리에 누울 때마다, 뱀들이 와서 가슴을 덮어 주었어요.

Puis, un peu plus tard, lorsque les deux hommes furent seuls, le chef des hwarang confia :

– Il est temps à présent que je vous révèle les trois bénédictions de votre mariage.

– Parle ! je t'écoute, répondit le monarque.

– Tout d'abord, en vous mariant avec l'aînée, la moins jolie des deux, vous avez honoré ses parents et fait leur bonheur. Ensuite, grâce à ce mariage, le trône du royaume vous est revenu. Enfin, en tant que souverain, vous pouvez, maintenant, choisir la cadette comme seconde épouse.

Souriant, le nouveau roi remercia très chaleureusement le moine-guerrier et le nomma grand conseiller du royaume.

On raconte, que durant le règne du roi Kyongmun, la nuit venue, d'innombrables serpents montaient dans la chambre royale pour venir se lover dans le lit du roi. Les épouses et les concubines en étaient épouvantées, mais le roi affirmait qu'il ne pouvait dormir en paix sans la présence des reptiles. De fait, chaque fois qu'il se couchait pour dormir, les serpents venaient couvrir sa poitrine.

그러던 어느 날 아침, 이유는 알 수 없지만, 경문왕이 잠에서 깨어나 보니 두 귀가 당나귀 귀처럼 길어진 것이었어요. 불가사의하게도 밤새 길어진 것이죠. 이 날부터 경문왕은 큰 두건으로 머리를 덮었어요. 수치스러운 귀들을 숨기기 위해 밤낮으로 두건을 두르고 있었지요. 하지만, 어느 날, 두건을 벗어버린 채, 자신의 가장 충성스러운 신하를 불러 부탁을 했어요.

"더 이상 이렇게 당나귀 귀를 하고 살 수는 없다. 이 두건 또한 매우 우스꽝스럽구나. 이젠 궁궐 밖으로 나갈 수도 없다. 임금님이 머리 위에 우스꽝스러운 것을 쓰고 다니는 것을 안다면 백성들이 뭐라고 하겠느냐. 귀를 가리기에 충분히 높은 왕관을 만들어 줄 보석 세공인을 찾아다오. 이 추한 귀들을 감추어야 하겠다."

충직한 신하는 어느 나이 많은 세공사를 찾아냈어요. 세공사는 임금님의 당나귀 귀를 감추기 위해 특별히 높은 왕관을 극비리에 만들었지요. 왕관이 준비 되었을 때, 신하는 노인에게 임금님의 귀에 대해 무슨 일이 있어도 웃지 말라고 부탁했어요. 그러지 않는다면, 목이 잘릴 위험이 있었거든요.

"네가 만든 왕관이 훌륭하구나!" 임금님이 왕관을 써보며 기뻐했어요.

"내가 원하던 것과 똑같다. 왕관을 쓰면, 내 귀가 보이지 않지. 그러니 너는 이 비밀을 꼭 지켜야 한다. 너 말고는 그 누구도 임금님 귀가 당나귀 귀라는 걸 알아서는 안 된다. 만일 불행히도, 네 혀를 단속하지 못한다면, 나는 네 목을 자를 것이다."

"네 전하!" 늙은 세공사는 웃지 않으려고 볼 살을 깨물면서 대답했어요.

Et puis, un matin, pour une raison inconnue, le roi Kyongmun se réveilla avec deux longues oreilles d'âne. Elles avaient mystérieusement poussé durant la nuit. Depuis ce jour, il se couvrit la tête avec un large turban qu'il gardait jours et nuits pour cacher ces honteux appendices. Mais un jour, n'y tenant plus, il fit venir son plus fidèle serviteur et lui confia :

– Je ne peux plus vivre avec ces oreilles d'âne et ce turban est tout aussi ridicule. Je ne peux plus sortir de mon palais. Que diraient mes sujets s'ils apprenaient que leur roi porte ces choses ridicules sur la tête. Trouve-moi un joaillier, qu'il me fasse une couronne suffisamment haute, il faut cacher ces vilaines oreilles.

Le fidèle serviteur trouva un orfèvre, qui confectionna, dans le plus grand secret, une couronne spécialement haute pour cacher les oreilles d'âne du roi. Quand elle fut prête, le serviteur recommanda à l'homme de ne rire sous aucun prétexte des oreilles du roi. Sinon, il risquait qu'on lui coupe la tête.

– Quelle merveilleuse couronne tu m'as faite, se réjouit le roi en l'essayant. C'est exactement ce que je voulais. Quand elle est sur ma tête, on ne voit plus mes oreilles. Mais tu dois absolument garder le secret. Aucun autre que toi ne doit savoir que le roi a des oreilles d'âne. Si par malheur, tu ne tiens pas ta langue, je te ferai couper la tête.

– Oui, votre majesté ! répondit l'orfèvre en se mordant les joues pour ne pas rire.

궁궐을 나설 때 자칫 웃음이 터져 나올 뻔했지만, 세공사는 집으로 돌아올 때까지 때때로 삐져나오는 웃음을 참는데 성공했어요. 집의 문을 닫자마자…….

"하하하하하하하하하하하하하하!!!!!" 웃음이 터져 나왔지요.

초가집의 문들과 종이 창문들이 흔들릴 지경이었어요.

마침내, 노인은 크고 분명한 소리를 내며 웃음을 밖으로 터뜨릴 수 있었어요. 숨이 가빠서 웃음이 진정될 만할 때, 임금님을 다시 생각하면 또 웃음이 더 크게 터졌어요. 세공사는 밤낮으로 그렇게 웃었는데, 임금님이 왕관 안에 숨긴 당나귀 귀 생각만 하면 웃지 않을 수 없었지요. 그리고 이 생각은 세공사를 끊임없이 따라다니는 바람에 잠도 잘 수 없는 지경이 되었죠.

세공사는 임금님의 비밀을 지키는 부담에서 벗어나고만 싶었어요. 그래서 계속해서 웃음을 터뜨리던 세공사는 대나무 숲 가장 깊숙한 곳으로 들어가 그 비밀을 소리치기로 결심했죠. 그 자리에 이르자, 발작적인 웃음을 터뜨리며, 세공사가 외쳤어요.

"하하하하하! 대나무야! 하하하하하! 하하하하하 할 수 없는 대나무야! 말할 수 없는 대나무야……. 하하하하하! 임금님의 귀는 당나귀 귀다! 하하하하! 하하하하하하!"

Il faillit encore éclater en sortant du palais, mais il réussit à contenir son rire en pouffant de temps en temps jusqu'à ce qu'il soit revenu chez lui. Dès que la porte de sa maison fut fermée.....

– Hahahahahahahahahahahahaha !!!!!

Les portes et les fenêtres de papier de sa chaumière en tremblèrent. Enfin, l'homme pouvait laisser sortir son rire qui explosa haut et clair. Quand il fut à bout de souffle et que son rire allait s'éteindre, il repensa au roi et son rire repartit de plus bel. Il ria ainsi le jour comme la nuit, ne pouvant pas s'empêcher de rire à la pensée des oreilles d'âne que le roi cachait dans sa couronne. Et cette pensée l'obsédait tellement qu'il en perdit le sommeil.

Il fallait absolument qu'il se soulage du secret du roi. Aussi l'orfévre, toujours pouffant, décida d'aller le crier au plus profond d'une forêt de bambous. Une fois sur place, entre deux quintes de rires, il brailla :

– Hahahahaha ! Bambous ! hahahahaha ! Vous qui ne pouvez pas hahahahha ! Vous qui ne pouvez pas parler.... hahahahaha ! Les oreilles du roi sont des oreilles d'âne ! Hahahaha ! Hahahahahaha !

세공사는 속이 후련해졌고, 조금씩 웃음도 잦아들었어요.

하지만 세공사가 너무 크게 소리를 치는 통에, 그 말들은 이 대나무에서 저 대나무를 타고 공중에 울려 퍼지며 노래하기 시작했어요.

"임금님 귀는 당나귀 귀다! 임금님 귀는 당나귀 귀다!"

갑자기 가벼운 산들바람이 대나무 숲으로 불어들자, 말들은 온 나라로 퍼져나갔지요. 그리하여, 사방에서 그 소리가 들렸어요.

"임금님 귀는 당나귀 귀다! 임금님 귀는 당나귀 귀다!"

사람들은 어쩔 수 없이 바람이 퍼뜨린 비밀을 알게 되었지요.

"들었나?" 한 사람이 속삭였어요.

"그럼! 임금님 귀가 당나귀 귀래." 다른 사람이 비웃었죠.

"그것 참 웃기는군! 하하하하하!" 세 번째 사람이 갑자기 웃음을 터뜨렸어요.

L'homme se sentit soulagé, et peu à peu son rire s'éteignit. Mais il avait crié si fort que ses paroles vibraient encore dans l'air se répercutant de bambous en bambous, qui se mirent à chanter :

– Les oreilles du roi sont des oreilles d'âne ! Les oreilles du roi sont des oreilles d'âne !

Soudain, une légère brise se leva dans la bambouseraie et les mots s'envolèrent à travers tout le pays. Si bien que de tout côté on entendait :

– Les oreilles du roi sont des oreilles d'âne ! Les oreilles du roi sont des oreilles d'âne.

Inévitablement, les gens apprirent ce que colportait le vent.

– Tu as entendu ? chuchotait l'un

– Oui ! Le roi a des oreilles d'âne ! ricanait l'autre.

– C'est trop drôle ! Hahahaha ! s'esclaffait un troisième.

이렇게 소문은 부풀고 부풀고 또 부풀어서 궁궐의 담장 안까지 메아리쳤고 체면을 잃게 된 임금님은 노발대발하여 서둘러 조사를 지시했지요. 비밀경찰은 임금님께 이렇게 보고했어요.

"전하, 사방으로, 그러니까 들은 사람들한테, 말을 퍼뜨린 것은 대나무들인데, 그것이……. 임금님 귀가, 음……. 귀는……. 음……."

"뭐라고, 그게 무슨 소리냐?" 임금님은 욕설을 퍼부었어요. "대나무들이 내가 당나귀 귀를 가졌다 한다고! 대나무를 전부 잘라 버려라!"

Ainsi la rumeur enfla, enfla, enfla et vint bruisser jusque dans les murs du palais, où le roi, sur le point de perdre la face, se fâcha et fit diligenter une enquête. Sa police secrète lui rapporta :

– Majesté, ce sont les bambous qui répandent partout, et à qui veut bien l'entendre, que les oreilles du roi sont des euh … des oreilles… euh….

– Quoi, qu'est-ce que j'entends ? pesta le roi. Les bambous disent que j'ai des oreilles d'âne ! Que l'on coupe tous les bambous !

그래서 그렇게 되었지요. 대나무는 몽땅 잘려나갔고, 그 자리에 사과나무를 심었어요. 그러나 과수원으로 바람이 불자, 이번에는 사과나무들이 이 우스운 노래를 불렀지요.

"임금님 귀는 당나귀 귀래요! 임금님 귀는 당나귀 귀래요!"

그 때부터, 정말로 임금님이 당나귀 귀를 가졌다는 것을 누구나 알게 되었어요. 소문이 두 번째로 궁궐의 담장 사이로 들어왔을 때, 임금님은 절망했죠.

"왕국 전체에서, 백성들이 전하의 귀 이야기를 합니다." 충직한 신하가 보고했어요.

"이런! 이 우스운 상황에서 벗어나려면 어찌 해야 하겠소?" 왕이 한숨지었어요.

Ainsi fut fait. Tous les bambous furent rasés, et à leur place on y planta des pommiers. Mais quand le vent souffla dans le verger, à leur tour les pommiers chantèrent une bien drôle chanson :

– Les oreilles du roi sont des oreilles d'âne ! Les oreilles du roi sont des oreilles d'âne !

A partir de ce moment-là, vraiment tout le monde sut que le roi avait des oreilles d'âne. Quand la rumeur s'immisça une seconde fois entre les murs du palais, le roi en était désespéré.

– Dans tout le royaume, on parle de vos oreilles, rapporta le fidèle serviteur.

– Hélas ! Que puis-je donc faire pour me sortir de cette situation ridicule, soupira le roi.

신하가 말했어요. “전하! 제가 감히 한 말씀드리자면, 전하께서 큰 귀를 가지셨다는 것은 분명 백성들의 이야기에 더욱 귀 기울이는 능력이 있다는 것입니다. 이 귀들은 분명 하늘의 선물입니다. 전하께서는 그 귀를 자랑스러워 하셔야 합니다. 위엄 있는 그 귀들을 내보이셔야 합니다.”

“그것 참 좋은 생각이오, 훌륭한 신하여!” 임금님이 외쳤어요. “내일 당장, 착한 백성들을 궁궐 앞으로 불러 모아 이 좋은 소식을 알리자구나.”

– Votre majesté ! Si je peux me permettre, dit le serviteur. Si le roi a de grandes oreilles, c’est sans doute pour qu’il ait la capacité d’écouter plus attentivement ce que disent ses sujets. Ces oreilles sont certainement un cadeau du ciel. Votre majesté devrait en être fière. Le roi devrait montrer ses oreilles majestueuses.

– En voilà une bonne idée, mon bon serviteur ! s’écria le roi. Dès demain, nous allons rassembler le bon peuple devant notre palais pour lui annoncer la bonne nouvelle.

그렇게 하여, 다음 날, 백성들을 궁궐 앞으로 모이게 했죠. 임금님은 자신의 거대한 귀를 드러내려 한 것이었어요. 임금님이 왕관을 벗자, 군중 속에서 소란이 일었지요.

"오오, 그러니까 그 소문이 사실이었네!" 하는 소리가 한쪽에서 들렸어요.

"임금님은 큰 귀를 가지셨어!" 저쪽에서 알아차렸죠.

"그러게, 당나귀 귀 같아!" 사방에서 들려 왔어요.

임금님은 조용히 시키려고 "흠! 흠!" 했어요. "내 귀들을 잘 보거라. 내 귀는 당나귀 귀가 아니다. 내 귀는 백성들의 말에 귀를 기울이라고 하늘이 내린 것이다."

"오!" 백성들이 외쳤어요.

"저 귀가 우리를 위한 거라는군!"라는 소리가 한 쪽에서 들렸어요.

"우리 임금님은 훌륭한 임금님이시네!" 저쪽에서 말했어요.

"우리 훌륭한 임금님 만세!"라는 소리가 사방에서 들려 왔지요.

그 날 이 후, 임금님은 더 이상 자신의 귀를 창피해 하지 않았어요. 백성들도 임금님을 좋아했지요. 귀 때문이 아니라 임금님의 업적 때문이었죠. 경문왕이 훌륭한 임금님으로서 백성들의 이야기에 항상 귀를 기울였거든요.

Ainsi fut fait, et le jour suivant, on rassembla le peuple devant le palais. Le roi allait dévoiler au grand jour ses royales oreilles. Lorsqu'il ôta sa couronne, un tumulte s'éleva de la foule :

–Ooooh, la rumeur disait donc vrai ! entendait-on par ici.

–Le roi a de grandes oreilles ! percevait-on par là.

–Oui, comme celle d'un âne ! pouvait-on écouter de tout côté.

–Hum ! Hum ! fit le roi pour obtenir le silence. Regardez mes oreilles, regardez-les bien. Mes oreilles ne sont pas celles d'un âne. Ce sont les oreilles que le ciel m'a données pour écouter mes sujets.

–Ohhhh ! clama la foule.

–Ces oreilles sont pour nous ! entendait-on par ici.

–Notre roi est un bon roi ! percevait-on par là.

–Vive notre bon roi ! pouvait-on écouter de tout côté.

Depuis ce jour, le roi n'eut plus jamais honte de ses oreilles. Et son peuple l'aima. Non pas pour ses oreilles mais, pour ce qu'il faisait, car, en bon roi, il écoutait toujours attentivement ce que disaient ses sujets.

Un *seok* (석) est une ancienne mesure de quantité. Cela représentait environ 180 litres.

Vouloir attraper une étoile dans le ciel »est un dicton coréen qui signifie vouloir quelque chose d'impossible à obtenir.

Yong Wang le roi Dragon est un personnage incontournable du monde fantastique coréen. Il règne sur le monde aquatique des mers et des océans. Littéralement, « *Yong* » (용,龍) veut dire dragon et « *Wang* » (왕,王) veut dire roi. Le personnage en question n'est pas un dragon au sens propre du terme. « Dragon » ici souligne l'importance du personnage et renvoie à la symbolique du dragon.

La fleur de lotus (연꽃) qui s'épanouit immaculée et parfumée au-dessus des eaux fangeuses et nauséabondes est un symbole bouddhique de pureté.

효녀심청 이야기
L'histoire de la pauvre Simcheon

프랑스어 번역 김미경 kim Mi-kyoung, 최윤정 Choi Yoon-jeong,
이가연 Yi Ga-yeon, 이보람 Yi Bo-ram
그림 박해도 Park Hae-do

옛날 옛적, 아주 오래 전부터 앞을 보지 못했기에 사람들이 심봉사라 부르는 불쌍한 사내가 있었어요. 심봉사는 홀아비였고, 아내는 딸 심청을 낳다가 약 15년 전에 죽었지요. 이 불쌍한 사내는 구걸로 연명을 하며 딸을 근근이 길렀고 심청은 아름답고 상냥한 처녀가 되었어요. 심봉사는 딸을 위해 충분히 벌지 못하는 자신을 날마다 책망했지요. 딸이 자신과 같이 있어 고통을 겪고 있고, 그렇기에 인생에서 가장 아름다운 시기를 낭비한다고 생각했거든요.

노인은 이제 인생의 마지막을 앞두고 있었어요. 심봉사가 딸에게 다른 곳으로 떠나 자신의 삶을 살라고 말하자, 심청은 딸이 아버지와 함께 사는 것은 당연하다고 대답하고는 이웃 농가의 일 외에도, 집 안의 모든 일을 도맡아 했지요.

Il était une fois, un pauvre homme qu'on appelait l'aveugle Sim car il ne voyait plus depuis fort longtemps. Le pauvre homme était veuf, sa femme étant morte une quinzaine d'années plus tôt en mettant au monde leur fille Simcheon. Le pauvre homme vivait de mendicité, et éleva tant bien que mal Simcheon qui devint une belle et douce jeune femme. Tous les jours, l'aveugle se reprochait de ne pas gagner assez pour sa fille. Il avait le sentiment qu'elle souffrait et qu'elle perdait, avec lui, les plus belles années de sa vie. Le vieil homme était presque arrivé à la fin de la sienne. Quand il demandait à sa fille de partir pour vivre sa propre existence ailleurs, elle répondait qu'il était naturel qu'une fille vive avec son père. Alors, en plus de son travail dans les fermes voisines, elle s'occupait de tout dans la maison.

평소보다 밭일이 늦어진 어느 날 저녁, 심청은 저녁상을 차리지 않았다는 생각이 퍼뜩 들었어요. 달은 이미 높이 떴고 노쇠하고 눈 먼 아버지는 혼자 요리를 하실 수 없었죠. 그래서 집에 돌아가려고 걸음을 재촉했어요.

한편, 딸이 돌아오지 않자, 걱정으로 괴로워하던 심봉사는 딸을 만나려고 출발했어요. 그런데 이를 어쩌나! 강변길을 걸어 가다가 심봉사는 돌을 헛디뎠고 깊은 물속에 빠지고 말았죠! 심봉사는 죽을 것 같아 소리를 지르며 지팡이를 필사적으로 흔들었고 이젠 가망이 없다고 느꼈어요. 다행히도, 근처를 지나던 어떤 스님이 심봉사를 구해주었지요. 물 밖으로 나오자마자, 심봉사는 황송해하며 연신 고맙다고 말했어요.

"아, 훌륭하신 스님! 제 목숨을 구해주시다니! 스님이 아니셨다면, 저는 빠져 죽었을 겁니다. 아, 제가 장님이 아니었더라면, 이 강 속으로 빠지지도 않았겠지만요. 그러나 스님 덕분에,

저는 위험을 면했습니다! 제가 스님을 위해 무엇을 해 드릴 수 있겠습니까? 스님은 제 생명의 은인이십니다."

"나를 위해서라니요? 아무 것도 없습니다!" 스님이 대답했어요. 하지만 부처님께 쌀 삼백 석을 공양하신다면, 장담하건데, 내가 댁의 목숨을 구한 것만큼이나 간단하게 시력을 회복할 것입니다."

"쌀 삼백석이라고요!" 심봉사가 외쳤어요. "우리는 하루에 겨우 두 공기의 밥을 할 쌀 밖에는 없는데, 제게 어떻게 그만한 것이 있겠습니까? 그러나, 훌륭하신 스님, 말씀하신 대로 제가 눈을 다시 뜰 수만 있다면, 쌀 삼백 석 공양을 약속드리지요."

그리고 노인은 집으로 돌아가 딸 심청이를 다시 만났고 자신이 당한 사고를 이야기해 주었어요.

Un soir, s'étant attardée aux champs plus que d'habitude, elle se rendit compte que le dîner n'était pas prêt. La lune était déjà haute et son vieux père aveugle ne pourrait pas cuisiner tout seul, alors elle pressa le pas pour rentrer chez eux.

De son côté, l'aveugle Sim, rongé par l'inquiétude de ne pas voir sa fille revenir, partit à sa rencontre. Hélas, sur le chemin qui longeait la rivière, son pied roula sur une pierre et le vieil homme tomba dans l'eau profonde. Il allait se noyer, poussait des cris, agitait désespérément sa canne, se croyait perdu. Heureusement, un bonze qui passait par là, le secourut. Sitôt hors de l'eau, le vieil homme se confondit en remerciements :

–Ah, vénérable bonze ! Vous m'avez sauvé la vie ! Sans vous, je me serais noyé. Ah, si seulement je n'étais pas aveugle, je ne serais pas tombé dans cette rivière. Mais grâce à vous, je suis sauf ! Que puis-je faire pour vous ? Je vous dois la vie.

–Pour moi ? Rien ! répondit le moine. Mais savez-vous que si vous faites une offrande de trois cents seok de riz à Bouddha, je vous garantis que vous retrouverez la vue aussi simplement que je vous ai sauvé la vie.

–Trois cents seok de riz ! s'exclama l'aveugle Sim. Comment pourrais-je en avoir autant, alors que nous en avons à peine de quoi en remplir deux bols par jour ? Mais si, comme vous dites, vénérable bonze, je recouvrais la vue, alors je promets de vous offrir ces trois cents seok de riz.

Puis, le vieil homme s'en retourna chez lui où il retrouva sa fille Simcheon à qui il raconta sa mésaventure.

그 때부터, 심봉사는 스님께 약속했던 쌀 삼백 석에 대해 생각하지 않는 날이 단 하루도 없었어요.

"다시 눈을 뜨는데 필요한 쌀 삼백 석이라. 쌀 삼백 석, 하지만 어떻게 그 쌀을 구할 것인가?" 노인은 잠을 자면서도 끊임없이 되뇌었어요.

하지만 그건 하늘의 별을 따고 싶어 하는 것과 같았지요.

가여운 심청은, 안절부절 못하는 아버지를 보며, 마침내, 걱정하실 필요가 없다고, 자신이 무슨 수를 써서라도 쌀 삼백 석을 구하겠다고 말했죠.

Depuis ce moment-là, il ne se passa plus un seul jour sans que l'aveugle Sim ne pense à ces trois cents seok de riz qu'il avait promis au bonze.

– Trois cents seok de riz pour que je puisse à nouveau ouvrir les yeux. Trois cents seok de riz, mais comment vais-je faire pour trouver trois cents seok de riz ? se ressassait continuellement le vieil homme qui en parlait même dans son sommeil.

Mais c'était comme vouloir attraper une étoile dans le ciel.

La pauvre Simcheon, voyant son père si bouleversé, finit par lui dire qu'il ne fallait pas qu'il s'inquiète et qu'elle allait tout faire pour trouver ces trois cents seok de riz.

다음날, 심청이는 초가집 근처의 작은 연못으로 물을 길으러 갔어요. 거기엔 열띤 토론을 하고 있는 중국 상인 세 사람이 있었지요. 태풍이 끊임없이 몰려와, 황해로 나가는 것이 절대 불가능했거든요. 따라서 짐을 실은 상인들의 배도 중국을 향해 출항 준비를 할 수 없었죠. 파도를 가라앉히고 무시무시한 폭풍우를 멈추게 하기 위해서는 바다 속 용왕님께 제물을 바쳐야만 했어요. 그리고 그 주술이 진정 효험이 있으려면 반드시 젊은 처녀를 파도 속으로 던져 희생시켜야 했지요. 세 상인들은 마침 연로하고 눈 먼 아버지께 헌신하는, 덕의 표본인 심청의 이야기를 전해 들었어요.

"네가 심청이라는 아이냐?" 그들 중 한 사람이 심청에게 물었지요.

"네. 저예요." 심청이가 머뭇거리며 대답했어요.

"온 마을에서, 너만큼 효성 깊은 젊은 처녀는 없다고들 하더구나."

"전 잘 모르겠어요." 심청이는 머리를 숙였어요. "전 아버님의 음식을 만들어 드릴 물이 필요해서요."

세 중국 상인들은 확신에 차 서로를 바라보았어요. 그들이 찾으려 애썼던 젊은 처녀를 마침내 찾아낸 것이었거든요.

"만일 네가 희생하겠다면, 너 같은 처녀를 딸로 둔 아비에게 큰 보상을 하마." 한 상인이 말했어요.

"우리는 희생의 대가로 쌀을 많이 줄 수 있단다." 두 번째 상인이 한 마디 더 했지요.

"쌀 사백 석도 줄 수 있다고!" 세 번째 상인이 맹세했어요.

Le lendemain, elle se rendit à un petit étang près de leur chaumière pour y puiser de l'eau. Il y avait là trois marchands chinois qui discutaient vivement. A cause d'incessants typhons, aucune sortie en mer Jaune n'était possible. Leur vaisseau chargé de marchandises ne pouvaient donc plus appareiller pour la Chine. Pour apaiser la mer et mettre fin à ces terribles tempêtes, il fallait faire un sacrifice à Yong Wang, le roi dragon du royaume sous-marin. Et pour que l'enchantement soit vraiment efficace, il fallait nécessairement sacrifier une jeune femme vierge en la jetant dans les flots. Ils avaient justement entendu parler de Simcheon, modèle de vertu, qui se dévouait à son vieux père aveugle.

– Es-tu celle qu'on appelle Simcheon ? demanda l'un d'eux à la jeune femme.

– Oui, c'est moi, répondit-elle timidement.

– On dit que dans toute la région, il n'y a pas d'autre jeune femme aussi vertueuse que toi.

– Je ne sais pas, fit-elle en baissant la tête. Il me faut de l'eau pour la cuisine de mon père.

Les trois marchands chinois se regardèrent avec connivence. Ils avaient trouvé la jeune fille qu'ils cherchaient.

– On offrirait une très grande récompense au père d'une jeune fille comme toi, si tu voudrait bien te sacrifier, dit un marchand.

– On pourrait donner pas mal de seok de riz en échange de ce sacrifice, renchérit le second.

– On pourrait même donner jusqu'à quatre cents seok de riz ! jura le troisième.

심청이는 자신의 귀를 의심했어요. 쌀 사백석이라니, 필요한 것 보다 백 석이 더 많았어요. 쌀 삼백 석이면 아버지가 부처님께 공양을 할 수 있었죠. 그러면 아버지는 눈을 회복할 것이고, 한 동안은 살 수 있을 만큼 쌀이 충분히 남아있을 테죠. 그래서 심청은 이 거래를 받아들였어요.

중국 상인들은, 다음 날 곧장, 쌀 사백 석을 연로한 심봉사의 집으로 가지고 오게 했어요. 기쁨과 슬픔의 눈물로 범벅이 된 심청이는, 아버지께 당부했어요.

"아버지, 쌀 삼백 석을 부처님께 공양하시고 눈을 되찾으세요. 그리고 나머지는 앞날을 위해 잘 비축하시고요."

"하지만, 얘야." 심봉사는 몹시 놀라 외쳤어요. "이 쌀은 다 어디에서 난 것이냐?"

"우리 집에서 멀리 떨어진 곳에 사는 돈 많은 지주가 준 선금 이예요. 그 분께서 저를 하녀로 쓰시겠대요." 심청이는 거짓말을 했어요.

심봉사는 감동했지만 슬프기도 했지요. 심봉사는 아이처럼 울었고, 딸에게 자신을 보러 자주 오라고 부탁했죠.

Simcheon n'en croyait pas ses oreilles. Quatre cents seok de riz, cent de plus qu'il lui fallait. Avec trois cents seok de riz, son père pourrait les offrir à Bouddha. Ainsi il recouvrerait la vue et il lui en resterait encore assez pour vivre un bon moment. Alors, elle accepta le marché.

Dès le lendemain, les marchands chinois firent porter quatre cents seok de riz chez le vieil aveugle. Simcheon, dont les larmes de joie et de tristesse se mélangeaient, lui conseilla :

– Mon père, faites offrande de trois cents seok de riz à Bouddha pour retrouver vos yeux et gardez le reste dans vos réserves pour les mois à venir.

– Mais ma fille, s'exclama l'aveugle, empli de surprise, d'où vient tout ce riz ?

– C'est une avance d'un riche propriétaire qui vit loin de chez nous. Il me prend comme domestique à son service, mentit la jeune femme.

Le vieil aveugle était à la fois ému et triste. Il en pleurait comme un enfant, aussi il recommanda à sa fille de revenir souvent le voir.

같은 날, 중국 상인 세 사람은 심청이를 배에 태워 황해로 나갔어요. 심청이는 자진하여 뱃머리에 올라 풍랑이 거세게 이는 파도 속으로 몸을 던졌지요. 파도가 단숨에 잠잠해졌죠. 심청이는 심해 깊숙이 똑바로 떨어져 바다의 용왕을 만나게 되었어요. 심청이는 용왕을 보자마자, 그 발밑에 무릎을 꿇었죠.

"그러니까 네가 심청이로구나!" 용왕이 말했어요. "우리는 너에 대한 이야기를 많이 들었다! 자신을 희생하다니 참 용감하구나. 그리고 난 네 희생에 깊은 인상을 받았단다. 그러니 네 목숨 또한 돌려주마!" 심청이는 공손하게 용왕께 감사를 드렸어요.

효성이 지극한 젊은 처녀에게 감동 받은 용왕은, 심청을 연못 위 큰 연꽃 속에 올려놓았어요. 이듬 해 봄이 끝나갈 무렵, 연꽃이 피었고, 분홍빛 꽃잎들 사이 한가운데에서 단아한 심청이 모습을 드러냈죠. 그 때에, 왕세자가 연못 근처를 지나가다가 젊은 처녀의 아름다움에 사로 잡혀 당장 그 처녀와 결혼하기로 결심했어요.

Le jour-même, les trois marchands chinois emmenèrent Simcheon en bateau sur la mer Jaune. D'elle-même, elle monta à la proue du navire et se jeta dans les flots en furie. D'un coup, les vagues se calmèrent. Simcheon tomba à pic au fond des abysses où elle rencontra Yong Wang, le roi Dragon de la mer. Dès qu'elle le vit, elle tomba à genoux aux pieds du monarque.

– C'est donc toi, Simcheon ! dit le roi. Nous avons beaucoup entendu parler de toi ! Tu as été courageuse de te sacrifier. Et je suis très impressionné par ton dévouement. Aussi, je te fais grâce de ta vie ! Humblement, Simcheon remercia le roi.

Touché par la jeune femme vertueuse, Yong Wang, le roi Dragon la déposa dans un grand lotus sur un étang. A la fin du printemps suivant, le lotus fleurit, découvrant en son cœur, parmi les pétales roses, la douce Simcheon. Au même moment, un prince vint à passer près de l'étang et fut tellement frappé par la beauté de la jeune femme qu'il décida de l'épouser sur le champ.

Le vieil aveugle, quant à lui, avait fait l'offrande de trois cents seok de riz à Bouddha. Puis, il avait guetté le retour de la vue et le retour de Simcheon. Mais, il avait attendu en vain. Ni l'une ni l'autre n'étaient venues. Lorsqu'enfin, il apprit la vérité, il en était devenu fou de chagrin. Sa fille Simcheon avait été la vraie lumière de ses yeux. Par la suite, il avait erré encore quelques temps dans la région. Puis un jour, on n'entendit plus parler de lui.

Simcheon vivait à présent dans un somptueux palais, mais elle n'en était pas heureuse pour autant. Son mari, qui la voyait si triste, lui demanda :

– Ma douce Simcheon, tu es toujours si triste ! N'y a-t-il rien que je puisse faire pour ton bonheur ?

– Ah, mon doux époux, répondit Simcheon, je voudrais tant retrouver mon père aveugle, je ne sais ce qu'il est devenu, et j'ignore même où il peut se trouver.

Le prince fit chercher le vieux père mais comme personne ne savait ce qu'il était devenu, le prince décida d'organiser un grand banquet pour tous les aveugles du pays. Par bonheur, le père de Simcheon se trouva parmi les convives et lorsque Simcheon l'appela, l'aveugle Sim reconnut la voix de sa fille. Il en fut si heureux qu'il en ouvrit les yeux et par on ne sait quel prodige, il vit sa fille pour la première fois.

한편, 늙은 심봉사는, 부처님께 쌀 삼백 석을 공양했어요. 그러고 나서 심봉사는 시력이 다시 돌아오기를, 또 심청이 돌아오기를 기다렸죠. 그러나 허사였어요. 어느 쪽도 돌아오지 않았거든요. 마침내, 심봉사가 진실을 알고는, 슬픔으로 미칠 지경이 되었어요. 자신의 눈에는 딸 심청이야말로 진정한 빛이었던 것이죠. 그 후, 심봉사는 계속 마을을 떠돌았어요. 그리고는 어느 날, 그에 대한 이야기는 이제 들리지 않게 되었어요.

심청은 이제 화려한 궁궐에서 살고 있었지만, 그리 행복하진 않았어요. 심청이 그렇게 슬퍼하는 것을 본 남편은, 그녀에게 물었지요.

"심청, 당신은 늘 슬퍼하는구려. 내가 당신의 행복을 위해 할 수 있는 일이 없겠소?"

"사랑하는 당신," 심청이가 대답했어요. "저는 눈 먼 아버지를 다시 찾고 싶어요. 아버지가 어떻게 되셨는지도 알 길이 없고 어디서 찾을 수 있는 지도 몰라요."

왕세자는 심봉사를 찾게 했지만 어느 누구도 그가 어떻게 되었는지 알지 못해서 이 나라의 모든 장님들을 위한 성대한 잔치를 열기로 했어요. 다행히도 심청의 아버지는 손님들 중에 있었고, 심청이 심봉사를 불렀을 때, 심봉사는 딸의 목소리를 알아들었어요. 그는 너무 행복한 나머지, 신비한 기적처럼 두 눈을 떴고 비로소 딸과 함께 살았대요.

Le *nyang* (냥) est une ancienne unité monétaire coréenne.

Hwalbin-dang (활빈당) signifie littéralement : « *la bande qui fait vivre les pauvres.*»

Yangban (양반) est un terme qui désigne une personne appartenant à la noblesse coréenne.

Hanyang (한양) est un ancien nom de Séoul.

홍길동 전설
La légende de Hong Kiltong

프랑스어 번역 박인수 Park In-su, 강예지 Kang Ye-ji
그림 최명숙 Choi Myeong-suk

세종대왕이 나라를 다스리고 있을 때, 홍 대감은 어느 날 밤 천둥 번개 속에서 갑자기 푸른 용이 나타나는 꿈을 꾸었어요. 이 계시는 분명, 하늘이 홍 대감에게 아주 고귀한 아들을 내리겠다고 약속을 한 것이었죠. 그래서 홍대감이 아내에게 아기를 더 갖자고 하자, 아내는 잘라 말했어요.

"이미 인형이를 낳아 주었잖아요. 우리에게 다른 아들은 필요 없어요!"

섭섭함으로 마음이 무거워진 홍 대감은, 지금은 첩이 된 기생 곡산의 방에 갈 생각으로 아내의 방을 나왔어요. 그러나 가는 도중, 주인께 차 시중을 드는 방년 17세의 어리고도 어여쁜 여종, 춘섬과 마주쳤지요. 열 달 후에 춘섬은 아들을 낳았고, 홍 대감은 길동이라 이름을 지어주었어요.

Lors du règne du grand roi Séjong, le ministre Hong rêva une nuit d'un dragon bleu surgissant dans le tonnerre et les éclairs. Le message était limpide, le ciel lui promettait un fils d'une grande noblesse. Mais, lorsqu' il proposa à sa femme de concevoir un nouvel enfant, elle argua :

– Je t'ai déjà donné Inhyeong. Nous n'avons pas besoin d'un autre fils !

Le cœur lourd de regret, il quitta la chambre de son épouse dans l'intention de se rendre dans celle de Goksan, une ancienne danseuse devenue sa concubine. Cependant, en chemin, il croisa la jolie Chunseom, la jeune servante de dix-sept printemps, chargée de servir le thé aux hôtes. Dix mois plus tard, elle engendra un fils que le ministre Hong nomma Kiltong.

아주 어린 나이부터, 이 소년은 굉장한 통찰력과 지혜를 드러냈어요. 아버지는 이런 소년을 유달리 자랑스러워했고, 공자와 맹자를 가르쳤지요. 하지만 대감은 이 아들이 하층계급의 어머니에게서 난 것을 안타까워했어요. 그래서 홍대감은 길동이를 절대 인정하려 하지 않았죠.

"저는 아버지를 아버지라고 부를 수 없고, 형을 형이라 부를 수 없사옵니다." 길동이는 비통하게 울었어요. "제가 부모님을 공경하고 자랑스럽게 해 드릴 수 없는데, 유교의 대가들을 공부한다 한들 제게 무슨 쓸모가 있겠습니까."

그래서 홍길동은 전술, 지리학, 천문학과 도교의 연금술 공부에 몰두했어요. 질투심이 생긴 첩 곡산은 홍 대감이 서자를 칭찬하는 것을 견딜 수가 없었죠. 그래서 길동이를 없애버리기 위해 위험한 자객 특재를 불러 천 냥을 주었어요.

Dès son plus jeune âge, le garçon se révéla perspicace et d'une grande sagesse. Son père en était particulièrement fier et lui faisait étudier Confucius et Mencius. Mais il regrettait que ce fils fût d'une mère de basse extraction. C'est pourquoi, il ne voulut jamais le reconnaître.

–Je ne peux pas appeler père, mon père ni frère, mon frère, pleurait amèrement Kiltong. A quoi me serviraient les études des maîtres confucianistes, si je ne peux ni honorer ni glorifier mes parents.

C'est ainsi que Hong Kiltong se plongea dans l'étude de la stratégie, de la géographie, de l'astronomie et des secrets de l'alchimie taoïste.

La concubine Goksan, jalouse, supportait mal l'admiration que portait le ministre Hong à son bâtard. Alors, pour s'en débarrasser, elle fit appel à Teukjae, un redoutable assassin qu'elle paya mille nyang.

다음 날 밤, 희미한 호롱불빛에 길동이가 변신술을 공부하고 있을 때, 까치가 우는 소리를 세 차례나 들었지요.

"이상하다." 길동이는 생각했어요. "이 새는 어둠을 피하는데도 이 한밤중에 울다니. 이건 불운을 예고하는 징조야."

달빛 속에서, 갑자기, 자객의 그림자가 창호지 문에 드리웠어요. 길동이 주술을 중얼거리자 곧 음산한 바람이 방 안에서 솟구치더니 거대한 회오리바람이 되어 가파른 산의 안개 속으로 집을 옮겨놨지요. 겁에 질린 자객 특재는 도망가려 했지만, 도망간 곳에서 그의 앞으로 절벽이 우뚝 솟아 절벽의 암벽에 부딪치거나, 땅의 갈라진 틈새로 넘어질 뻔 하다 다리에 힘이 빠지곤 했어요. 이 때, 특재는 갑자기 나귀의 등에 앉아 수정 피리를 부는 소년과 맞닥뜨렸죠.

"너는 왜 나를 죽이려 하느냐?" 소년은 숨을 내쉬었어요. "하늘의 심판이 네 어깨 위에 있는 것을 모르겠느냐?"

다시 바람이 불자, 이와 동시에 길동이 특재 앞에 우뚝 섰지요.

"나를 보낸 것은 네 아버지의 첩 곡산이다." 칼을 휘두르며 자객이 답했어요.

하지만 무기는 자객의 손에서 빠져나가 길동의 손에 들어갔지요. 칼날이 휙휙 소리를 내자 특재의 머리가 땅으로 굴러 떨어졌어요.

La nuit suivante, à la lueur d'une chandelle, alors que Kiltong étudiait le livre des mutations, par trois fois, il entendit l'appel d'une pie.

– Etrange, se dit-il, cet oiseau fuit l'obscurité et pourtant il jacasse à cette heure nocturne. Cet augure présage un malheur.

Tout à coup, dans le clair de lune, l'ombre de l'assassin se dessina sur la porte de papier. Kiltong murmura une incantation, un vent lugubre s'éleva immédiatement dans la pièce et un gigantesque tourbillon emporta la maison dans les brumes d'une montagne escarpée. L'assassin Teukjae, terrifié, tenta de fuir mais où qu'il allât, il se heurtait au mur d'une falaise qui se dressait devant lui, ou manquait de chuter dans une crevasse qui se dérobait sous ses pieds. Soudain, il rencontra, assis sur le dos d'un âne, un enfant qui jouait d'une flûte en cristal :

– Pourquoi essaies-tu de me tuer ? souffla l'enfant, ne sais-tu pas que le jugement du ciel est sur tes épaules ?

Le vent se leva à nouveau et Kiltong se dressa, dans l'instant même, devant Teukjae.

– C'est Goksan, la concubine de ton père, qui m'envoie, répondit l'assassin, brandissant son sabre pour frapper.

Mais l'arme glissa des mains du meurtrier et se retrouva dans celles de Kiltong. La lame siffla et la tête de Teukjae roula sur le sol.

길동은 더 이상 가족의 곁에 머물 수 없다는 것을 깨달았어요. 아버지와 어머니께 작별을 고했고, 어머니의 애정 어린 말들도 길동을 붙잡을 수 없었죠. 길동은 정처 없이 길을 떠났어요.

그의 발걸음은, 사람의 발길이 닿지 않는 깊은 산골짜기, 활빈당이라는 산적 떼가 우글거리는 곳에 이르렀어요. 활빈당 한 명이 갑자기 말을 걸었지요.

"너는 여기 뭐 하러 온 것이냐?"

"저는 홍 대감댁 하녀의 아들 홍길동이라 합니다. 부모님께 버림받아 이 산에서 한 몫 잡아볼까 하고 왔습니다."

"우리 편이 되고 싶으면" 한 사내가 비웃었지요. "이 거대한 바위를 들어 올려봐."

그 바위는 거대했고, 백 사람이 모여도 옮길 수 없었지요. 하지만 길동은 바위를 붙잡더니 머리 위로 불쑥 들어 올렸고 산적 떼들은 함성을 질렀어요.

"하늘이 우리에게 대장을 보내주셨다!"

Kiltong comprit alors qu'il ne pouvait plus rester auprès de sa famille. Il alla dire adieu à son père, puis à sa mère, dont les mots d'affection ne purent le retenir, et il partit à l'aventure.

Ses pas le conduisirent dans une profonde vallée au fond des montagnes sauvages, infestées de brigands dont la bande se nommait Halbin-dang. L'un d'eux l'apostropha :

– Que viens-tu faire par ici ?

– Je suis Hong Kiltong, le fils d'une servante du ministre Hong. Rejeté par mes parents, je viens chercher fortune dans ces montagnes.

– Si tu veux être des nôtres, railla l'homme, soulève donc ce gros rocher.

Le rocher était énorme, et cent hommes n'auraient pu le déplacer. Alors, lorsque Kiltong le saisit et le souleva au-dessus de sa tête, une clameur s'éleva de la troupe de brigands :

– Le ciel nous a envoyé notre général !

이렇게 길동은 온 나라에서 가장 유명한 도적떼의 두목이 되었지요. 길동은 곧, 이 도적떼가 부패한 양반들과 타락한 승려들의 수탈에 저항하는 것일 뿐이라는 걸 깨달았어요. 이 부패 때문에, 백성들은 굶주렸지요. 그래서 길동은 부자들에게서 훔쳐 가난한 사람들에게 전해 주기로 결심했어요.

지리산의 동편 지맥에서, 새로운 두목의 책략과 주술 덕분에 활빈당은 해인사의 모든 보물들을 훔칠 수 있었어요. 그러고 나서, 탐욕에 눈이 먼 함경도 사또도 공격했지요. 길동의 수하들이 성벽의 남문에 불을 지르고는, 주민들이 화염과 싸우는 동안, 관아에 비축된 물자들을 몽땅 털었어요. 그런 다음 그들은 마술 갑옷을 입고 사람들 눈에 보이지 않게 되돌아왔지요. 그들이 떠난 이후, 관아의 정문에는 가난한 이들의 수호자인 홍길동의 서명이 크게 써져 있었어요.

C'est ainsi qu'il devint le chef de la plus importante bande de voleurs de tout le royaume. Rapidement, il se rendit compte que ces bandits ne faisaient que se défendre contre les exactions des yangban corrompus et de bonzes dépravés. A cause de la corruption, le peuple était affamé. C'est ainsi que Kiltong décida de voler les riches pour donner aux pauvres.

Sur les contreforts Est des monts Jiri, grâce à la ruse et à la magie de leur nouveau général, les Halbin-dang pillèrent le temple de Haeinsa

de tous ses trésors. Puis, ils s'attaquèrent au gouverneur de la province de Hamgyeong dont la vénalité était sans borne, ils mirent le feu à la porte sud de la citadelle et pendant que les habitants combattaient les flammes, les hommes de Kiltong vidèrent le palais de toutes ses réserves. Puis, ils s'en retournèrent invisibles, dans leur armure magique. Après leur départ, on pouvait lire, sur la porte principale du palais, la signature de Hong Kiltong, défenseurs des pauvres !

길동은 이렇게 매우 유명해졌지만, 부패한 대신들은 왕의 곁에서 길동의 고결한 생각을 깎아내렸어요.

"전하, 활빈당은 백성들의 쌀을 훔쳐 농촌들을 굶주리게 합니다." 대신들은 불평을 했어요. "이 산적들과 그 두목 홍길동에 대해 뭔가 대책을 세워야 합니다."

"그놈을 붙잡아 악행을 벌하여라." 왕은 명령했죠.

체포를 피하기 위해, 길동은 볏짚으로 자신의 모습을 한 허수아비 일곱 개를 만들어 생명을 불어 넣었어요. 이제부턴 서로 쏙 빼닮은 여덟 명의 홍길동이 존재하게 된 것이지요. 나머지 일곱 명과 진짜 홍길동을 구별해 내는 것은 매우 힘들었어요. 여덟 명의 홍길동은 각각 여덟 지방의 관아를 동시에 잠입하기 위해 길을 떠났어요. 궁궐에서는 그 누구도, 어떻게 같은 사람이 같은 날, 거리가 많이 떨어진 여러 곳에 몰래 들어가 똑같이 나쁜 짓을 저지를 수 있는지 납득하지 못했어요. 그래서 부패한 관리들은 홍길동을 잡을 수 없다는 것이 화가 났고, 백성들에게 화풀이를 하기로 결심했죠. 결국 길동이 백성들을 위해 도적질을 하면, 바로 쌀에 대한 세금을 인상했어요. 밑 빠진 독에 물 붓기였죠. 그리고 길동에게 항복을 강요하려고 그의 부친을 대신의 지위에서 해임하고 감옥에 가두었어요.

Kiltong devint ainsi très renommé, mais les ministres corrompus discréditèrent auprès du roi les nobles intentions de Kiltong :

– Votre majesté, les Halbin-dang affament les campagnes en volant le riz du peuple, se plaignirent-ils. Il faut absolument faire quelque chose contre ces brigands et leur chef Hong Kiltong !

– Que l'on capture cet homme, ordonna le roi, et qu'on le punisse pour ses méfaits !

Pour échapper à sa capture, Kiltong confectionna, avec de la paille de riz, sept épouvantails à son image, à qui il donna vie. Il y avait désormais huit Hong Kiltong tous semblables traits pour traits. Bien malin celui qui aurait distingué le vrai Hong Kiltong des sept autres. Les huit Hong Kiltong partirent chacun dans une des huit provinces du royaume, pour y cambrioler simultanément leur capitale.

Au palais du roi, personne ne comprit comment le même homme avait pu commettre le même jour des méfaits identiques dans des lieux si éloignés les uns des autres. Alors, les fonctionnaires corrompus, fâchés de ne pas pouvoir mettre la main sur Hong Kiltong, décidèrent de se venger sur le peuple. Après tout, si Kiltong pillait pour le peuple, il était juste d'augmenter les impôts sur le riz. Ce qui sortait par une porte devait revenir par une autre. Et pour obliger Kiltong à se rendre, on démit son père de ses fonctions de ministre et on le jeta en prison.

며칠 후, 나귀를 탄 어린 소년이 수도 한양의 거리에 나타났어요.

“궁전 주변에서 뭘 캐내려 왔느냐?” 근위병 하나가 소년을 불러 세웠어요.

회오리바람이 먼지 구름을 일으키자, 갑자기 소년이 있던 자리에 은빛 갑옷을 입은 무사가 나타났죠.

“나는 백성들의 수호자, 홍길동이다. 임금님 앞에 진실을 밝히기 위해 자수하러 왔다.” 젊은 청년이 대답했어요.

근위병들은 바로 길동을 사슬로 묶었어요. 그런데 이상한 일은, 같은 날, 조선 팔도에서 오는 모든 밀사들이 홍길동을 잡아 가두었다고 보고를 하는 것이었죠. 며칠 후에, 모든 것이 똑같은, 한명도 아닌 여덟 명의 홍길동이 임금님 앞에 나타났어요. 그들은 모두 소리소리 지르며 서로 싸웠지요. 진짜 홍길동은 자신이며 다른 홍길동들은 다 거짓말쟁이에 사기꾼이라고 비난했죠.

Quelques jours plus tard, un garçonnet assis sur un âne apparut dans les rues de Hanyang, la capitale.

– Et toi que viens-tu fureter autour du palais ? l’apostropha un des gardes.

Un tourbillon de vent souleva un nuage de poussière et soudainement, un chevalier en armure d’argent apparut à la place du garçonnet

– Je suis Hong Kiltong, le défenseur du peuple. Je viens me livrer pour rétablir la vérité devant le roi, répondit le jeune homme.

Les gardes l’enchainèrent immédiatement. Mais chose extraordinaire, le même jour, des émissaires provenant de toutes les régions du royaume rapportèrent que l’on venait d’emprisonner Hong Kiltong ! Quelques jours plus tard, on présenta au roi non pas un, mais huit Hong Kiltong en tout point identique. Chacun d’eux se disputait avec les autres, clamant haut et fort, qu’il était le véritable Hong Kiltong et accusait les autres d’être des menteurs et des imposteurs.

결국, 누가 진짜 홍길동인지를 알아내기 위해, 왕은 젊은 사내의 아버지를 오게 했어요. 홍대감은 이제 너무 늙고 병들었지만, 왕 앞에서는 눈썹 하나 까딱하지 않았지요.

"제 아들은 왼쪽 무릎 위에 붉은 점을 가졌으니, 쉽게 알아내 실 수 있을 것입니다." 그리고는 여덟 명의 길동들을 향하여 돌아보며 훈계했어요. "너는 전하 앞에서 나를 실망시키면 안 될 것이야……."

이 노인은 미처 말을 맺지도 못한 채 입에서 피를 토하며 쓰러져 죽고 말았어요. 왕은 주치의를 불렀지만, 의사는 너무 늦었다고 고했어요. 그때, 여덟 명의 길동이 주머니에서 환약을 꺼내 시신의 입 안에 넣으니 되살아났죠. 이런 기적이 일어난 후, 여덟 길동은 왕에게 직접 호소했어요.

"제가 비천한 어머니에게서 태어났기 때문에, 가족에게서는 어떠한 인정도 받지 못했습니다. 그래서, 활빈당이라는 무리에 합류한 것입니다. 그러나, 저희는 절대로 약한 사람들은 공격하지 않았습니다. 전하, 수많은 관리들이 부패했다는 것을 아셔야 합니다. 저희가 몇몇 관리들을 벌한 것은 모두 백성의 재산을 지키기 위한 것이었습니다.

여덟 명의 길동은 말을 마치자마자 갑자기 땅으로 털썩 쓰러졌어요. 모두가 볏단으로 만든 꼭두각시였던 것이죠.

En fin de compte, pour savoir quel était le vrai Kiltong, le roi fit venir le père du jeune homme. L'ancien ministre Hong était maintenant bien vieux et malade, mais devant le roi, il ne sourcilla pas.

– Mon fils possède une tâche rouge sur la jambe gauche, vous devriez pouvoir l'identifier aisément. Puis, se tournant vers les huit Kiltong, il sermonna son fils : Tu ne dois pas me décevoir devant notre majesté ...

Le vieil homme ne put finir sa phrase, du sang jaillit de sa bouche et il s'effondra mort. Le roi fit appeler son médecin, mais ce dernier déclara qu'il était trop tard. A ce moment-là, les huit Kiltong sortirent une pilule de leur poche et la glissèrent dans la bouche du macchabé qui revint à la vie. Suite à ce prodige, les huit Kiltong s'adressèrent au roi :

– Parce que je suis né d'une humble femme, je n'ai trouvé aucune reconnaissance au sein de ma famille. C'est pourquoi, j'ai rejoint la bande des Halbin-dang. Toutefois, nous ne nous sommes jamais attaqués aux gens faibles. Sachez, votre majesté, que nombre de vos fonctionnaires sont corrompus. Si nous en avons punis quelques-uns, nous l'avons fait pour le bien du peuple.

Puis, dès que les huit sosies eurent fini de parler, ils s'effondrèrent brusquement sur le sol. Tous n'étaient que des pantins de paille.

다음 날, 한양의 사대문에는 이런 벽보가 나붙었어요.

〈전하께서 홍길동을 병조판서에 임명하신다면 그는 기꺼이 잡힐 것입니다.〉

이 소식에 대신들의 의견은 나뉘었죠. 서인들은 특사를 내리라고 했고, 동인들은 형을 집행하라고 했지요. 왕은 단호하게 말했어요.

'반역자에게 벼슬을 주는 것은 조정의 권위를 실추시키는 것이다.'

그래서 왕은 길동의 형인 인형을, 활빈당의 본거지로 알려진 경상도 사또로 임명하여 빠른 시일 내에 길동을 체포하라는 임무를 내렸어요.

얼마 후, 길동이 하늘에서 날아와 이복형의 바로 옆으로 내려왔어요.

"저는 진짜 동생이옵니다." 길동이 형에게 속삭였어요. "저 때문에 형님을 큰 위험에 빠뜨린 것 같아 후회하고 있습니다. 형님께서 저를 못 잡으시면, 결국 감옥살이를 면치 못할 것입니다."

인형은 동생의 왼쪽 무릎에 있는 붉은 점을 알아보고는, 조금의 망설임도 없이 손과 발에 쇠사슬을 채워 삼엄한 감시 아래 한양의 감옥으로 보냈어요. 그러나, 이 호송단이 한양의 남대문을 지나자마자, 회오리 돌풍이 일어났고 홍길동은 하늘로 사라졌지요.

Le lendemain, on pouvait lire, placardé aux quatre portes de la capitale, le message suivant : « Hong Kiltong serait heureux d'être arrêté si toutefois le roi veut bien le nommer ministre de la défense du royaume. »

A cette nouvelle, les ministres se déchirèrent. Ceux de l'Ouest étaient pour l'amnistie, ceux de l'Est pour son exécution. Le roi trancha : Anoblir un rebelle apporterait le discrédit sur le gouvernement. Donc il nomma Inhyeong, le propre grand frère de Kiltong, gouverneur de la province du Gyeongsang, la région où était supposée se trouver le repère des Halbin-dang, avec pour mission d'arrêter Kiltong dans les plus brefs délais.

Quelque temps plus tard, Kiltong tomba du ciel juste à côté de son demi-frère.

–Je suis ton vrai frère, lui souffla-t-il. Je regrette qu'à cause de moi tu sois en grand danger. Si tu ne m'arrêtes pas, tu finiras en prison.

Inhyeong aperçut la tâche rouge sur la jambe gauche de son frère, et sans aucune hésitation, il lui passa les fers aux pieds et aux mains avant de l'expédier sous haute garde dans une cage à Hanyang. Mais sitôt que le convoi passa la porte sud de la capitale, un coup de vent s'éleva en un tourbillon de fumée et Hong Kiltong disparut dans les airs.

이 소식을 들은 왕은 관리들을 다시 한 번 소집했고 홍길동을 병조판서 지위로 승격시킨다는 결정을 내렸어요. 같은 날, 화려하게 의복을 갖추어 입은 길동은 왕 앞에 엎드려 공손하게 용서를 빌고 자신의 악행을 뉘우쳤지요.

"전하, 저의 죄를 용서하시고 영광스럽게도 귀족의 지위를 내리시니 성은이 망극하옵니다. 하지만, 저는 이제 이 왕국을 떠나려 합니다. 천복을 영원히 받으시옵소서."

그렇게 마지막 말을 남기고, 길동은 하늘로 올라 사라졌어요. 홍길동은 그의 무리 삼천 명을 다시 만나, 그들과 함께 멀리로 가서 부패가 없는 평화의 안식처 율도국을 세웠다는 이야기가 전해지고 있지요.

A cette nouvelle, le roi convoqua à nouveau ses ministres et décida d'annoncer qu'il élevait Hong Kiltong au rang de protecteur céleste, ministre de la défense du royaume. Le jour même, en grand apparat, Kiltong vint se prosterner devant le roi pour s'excuser humblement et se repentir de ses méfaits.

– Votre majesté a été extrêmement clémente pour pardonner mes crimes et m'honorer d'un titre de noblesse. Pourtant, je quitte dès à présent le royaume, que les cieux vous bénissent pour l'éternité.

Puis, sur ces dernières paroles, il s'éleva dans le ciel et disparut.

On raconte qu'il alla rejoindre les trois milles hommes de sa bande, avec qui il fonda, dans les lointains, le royaume de Yuldo, un havre de paix sans corruption.

이순신 장군
La légende de L'Amiral Yi Sunshin

프랑스어 번역 이해란 Lee Hae-ran, 한은경 Han Eun-kyung
그림 차예원 Cha Ye-won

이순신 장군은, 오늘날까지, 한국인의 끈기를 보여준 가장 상징적인 인물 중 한 분이지요. 전설에 가까운 이순신 장군은 1545년 조선의 수도 한양에서 태어났어요. 장군의 할아버지와 아버지께서는 비록 과거시험에 낙방했지만, 조상 중에는 당대에 나라를 위해 중요한 역할을 했던 고위 관리도 몇 분 계셨어요.

호기심 많고 공부에 재능이 있었던, 어린 이순신은 일찍이 비범한 통찰력을 보였어요. 어느 날, 아직 너무 어린 이순신에게 아버지는 물어 보셨지요.

"내가 여기 이 방에 앉아 있는 것이 보이지. 어떤 방법으로 나를 이 방에서 나가게 하겠니?"

아이는 잠시 생각해 보더니 대답했어요.

"못해요. 아버지. 정말 불가능해요. 하지만, 아버지께서 밖에 계시는 경우라면, 저는 확실히 아버지께서 안으로 들어오시게 할 수 있어요!"

그러자 아버지는 일어나 밖으로 나갔어요. 아버지가 밖으로 나가자, 이순신은 즐겁게 외쳤어요.

"아버지 맞죠? 분명히 밖으로 나가셨죠? 제가 해냈어요!"

아버지는 웃으며 아들의 꾀를 칭찬해주었지요.

L'amiral Yi Sunshin est, jusqu'à maintenant, une des figures les plus emblématiques de l'opiniâtreté coréenne. Ce héros historique, plus que légendaire, naquit en l'an 1545 à Hanyang, capitale du royaume de Joseon. Bien que son père et son grand-père eussent échoué aux concours d'état, il comptait parmi ses ancêtres quelques hauts fonctionnaires, qui en leur temps, avaient joué un rôle importants pour le royaume.

Doté d'un esprit curieux et doué pour les études, le jeune Yi Sunshin se montra très tôt d'une rare sagacité. Un jour, alors qu'il était encore très jeune, son père lui demanda :

– Tu me vois assis ici dans cette pièce. Par quel moyen pourrais-tu me forcer à sortir ?

L'enfant réfléchit un instant avant de répondre :

– Non père. C'est tout à fait impossible. Cependant, si vous étiez dehors, je suis certain que je pourrais vous faire entrer.

Alors le père se leva et sortit. Quand il fut à l'extérieur, Yi Sunshin cria joyeusement :

– Est-ce vrai Père ? Etes-vous bien sorti de la pièce ? J'y suis donc arrivé !

Son père sourit et loua la finesse d'esprit de son fils.

어른이 된 이순신이 1576년 무과시험에 붙은 것은 그다지 놀랄 일이 아니었죠. 그 후에 이순신은 곧장, 황해로 흐르는 강 연안지대를 따라 뻗어있는 외딴 국경마을에 함경 수비대장으로서 첫 번째 관직을 받았어요.

강가에 닿아 있는 이 지역은 심각한 문제를 겪고 있었죠. 잔인한 여진족 해적들이 나라의 북서부에 위치한 조그만 마을에 와서 끊임없이 약탈을 자행한 것이었어요. 이순신은 그곳에 도착 하자마자, 수비대의 현황 보고서를 만드는데 착수했어요. 상황은 최악이었지요. 침략에 대한 소문이 사실이라면 현재 보유하고 있는 적은 숫자의 군사로는, 수비대가 잔인한 여진족에게 저항할 수 없었어요. 이순신은 지체 없이 주둔군의 위태로움을 알리고 병사와 무기의 보강을 요청하는 공문을 왕에게 보냈지요. 이순신이 하안을 따라 경계하라고 배치한 감시병들은 매일처럼 걱정스런 소식들을 가지고 왔어요. 마침내 잔인한 여진족들은 한밤중에 상륙해 쳐들어왔죠. 조선 병사들은 용감하게 싸웠지만, 너무나 약하여, 전 수비대는 후퇴해야만 했어요.

Arrivé à l'âge adulte, c'est sans surprise qu'Yi Sunshin réussit, en 1576, le second niveau des examens des arts militaires. Immédiatement après, il reçut sa première affectation comme officier de la défense de Hamgyeong, une grande île bordant le littoral du royaume, sur la mer Jaune.

Cette région côtière était en proie à de sérieux troubles. Des pirates sanguinaires venus de Yeojin, un petit pays situé au nord-ouest du royaume commettaient des razzias incessantes. Yi Sunshin, dès son arrivée en poste, entreprit de faire l'état des lieux de sa garnison. La situation était catastrophique. Avec le peu d'hommes qu'il avait à disposition, si les rumeurs d'invasion était fondées, sa garnison ne pourrait jamais tenir contre des hordes sauvages du Yeojin. Il envoya sans tarder une dépêche pour signaler la précarité de sa position et pour réclamer des renforts en hommes et en équipement. Jour après jour, les guetteurs, qu'Yi Sunshin avait placés en alerte le long du rivage, lui ramenaient des nouvelles inquiétantes. Puis, les cruels Yeojin débarquèrent en pleine nuit. Les soldats de Joseon se battirent vaillamment, mais, trop faible, la garnison entière dut battre en retraite.

하지만 여러 정치 파벌로 나뉘어 임금님에게 잘 보이려고 말다툼하기에만 바쁜 대신들은 이순신 장군의 원군 요청을 막다른 길로 몰고 갔어요. 동인들의 지지에 힘입어, 조정에서는 패배를 이순신 혼자만의 책임으로 간주해버렸죠. 대역죄인 이순신은 공개적으로 지위가 박탈되었고 투옥되었어요. 감옥에서 나왔을 때는, 일개 병사로서 군대로 복귀하라는 명령을 받았지요.

시간이 흘러, 변화의 바람이 조정에 불어 서인들이 영향력을 회복하게 되었어요. 왕은 이순신에 특사를 내렸고, 한반도 남서쪽 전라도 정읍의 수비대장으로 보냈지요. 이순신은 많은 열정과 지략과 인간미로 자신의 직무를 수행하여, 정읍은 이순신의 보호 아래, 진정 평화로운 안식처가 되었어요. 하지만 이 평화로움은 잠시 뿐이었죠. 선조 24년인 1591년에, 한반도의 반대편 동해 너머에서는 도요토미 히데요시가 막 일본을 통일하고 조선 왕국의 침략 계획을 세우고 있었거든요. 결과적으로 이순신은 전라좌수사로 승진을 하여 나라를 지키게 되었어요.

이순신 장군은 이번에도 왕실 함대가 형편없는 상태임을 알게 되었어요. 단지 용맹한 배 몇 척이 전부였죠. 이 현실은 바로, 계속된 무관심과 나라를 병들게 한 부패의 결과였어요. 장군은 행정을 정화하고 함대를 재편성하는 일에 착수했지요.

Les ministres de factions politiques différentes, trop occupés à se chamailler pour obtenir l'oreille du roi, avaient conduit l'appel au secours d'Yi Sunshin dans une impasse. Finalement, la cour, soutenue par les ministres de l'Est, tint Yi Sunshin pour seul responsable de la déroute. Accusé de haute trahison, il fut publiquement dégradé et écroué. Quand il sortit de prison, il reçut l'ordre de réintégrer l'armée mais comme simple soldat.

Quelque temps plus tard, le vent tourna à la cour et les ministres de l'Ouest recouvrèrent leur influence. Le roi amnistia Yi Sunshin et l'envoya dans la province du Jeolla, au sud-ouest de la péninsule, en tant que chef de la garde de la ville de Jeong-eup. Yi Sunshin mena sa fonction avec tant de zèle, d'intelligence et d'humanité que la ville, sous sa protection, devint un véritable havre de paix.

Mais cette embellie ne fut que de courte durée. Lors de vingt-quatrième année du règne du roi Seonjo, en 1591, de l'autre côté de la péninsule, par-delà la mer de l'Est, Toyotomi Hideyoshi venait tout juste d'unir le Japon et planifiait l'invasion du royaume de Joseon. En conséquence, Yi Sunshin fut promu au rang de chef des armées navales de toute la province du Jeolla pour défendre le pays.

L'amiral Yi Sunshin découvrit, encore une fois, la flotte royale dans un état épouvantable. Elle ne se résumait qu'à une poignée de navires vaillants. C'était là tout le résultat des incessantes négligences et de la corruption qui gangrénaient le pays. L'amiral commença alors par épurer son administration et entreprit de reconstituer la flotte.

Elève brillant dans sa jeunesse, il avait étudié les constructions navales qui, jadis, avaient fait la gloire de son pays. Il savait entre autres choses, qu'au XIème siècle, durant la dynastie Goryeo, on couvrait les bateaux de sabres afin d'en empêcher l'abordage. Puis, à la fin du XVème, des armateurs avaient eu l'idée de couvrir un bateau de plaques. Yi Sunshin combina ces idées, dessina les plans, et ordonna la construction du premier cuirassé qui n'ai jamais existé.

L'année suivante, appelée aussi l'année Imjin selon l'antique décompte calendaire, neuf mille marins et plus de deux cent mille soldats japonais appareillèrent pour assaillir la péninsule coréenne. Ils débarquèrent le 14 avril, à Busan, dans le sud-est du royaume de Joseon. L'amiral de la province du Gyeongsan dépêcha des estafettes pour appeler l'amiral Yi à la rescousse, mais il ne put éviter la débandade de son armée et de sa flotte. Les guerriers japonais largement en surnombre étaient bien mieux équipés que les troupes du Joeseon. Ainsi, c'est sans difficulté, que les Japonais installèrent leur quartier général à Busan d'où ils entreprirent la conquête du pays.

청년 시절, 총명한 학생이었던 이순신은 배 만드는 기술을 공부했었어요. 옛날에는 그것이 나라의 이름을 높여주었던 기술이었죠. 이순신은 특히, 11세기 고려시대에는 적이 배 위로 오르는 공격을 막기 위해 배를 칼로 덮었다는 것도 알고 있었죠. 또 15세기 말에는 배 주인들이 배를 판으로 덮을 생각을 하기도 했어요. 이순신은 이 생각들을 합쳐 설계도를 그리고, 그 때까지는 없었던 새로운 형태의 군함을 만들라고 명했지요.

옛날 날짜를 세던 방식으로 '임진'년이라고도 부르는 그 다음 해에는 일본에서, 9천의 해군들과 20만 명이 넘는 병사들이 한반도를 공격하기 위한 준비를 하고 있었어요. 그들은 4월 14일에 조선 남동쪽에 있는 부산으로 상륙했죠. 경상도 해군 대장은 이순신 장군에게 도움을 요청하기 위해 전령을 급히 보냈지만 군대와 함대의 패주를 피할 수 없었어요. 조선 병사 보다 훨씬 많은 수의 일본 병사들은 더 좋은 장비까지 갖추고 있었거든요. 그리하여 일본인들은 큰 어려움 없이 부산에 사령부를 설치하고 조선 정복 계획을 세웠지요.

Plus à l'ouest, l'amiral Yi Sunshin développa un réseau de guetteurs chargés d'espionner l'armée japonaise. Tan que ses nouveaux bateaux n'étaient pas construits, il ne pouvait rien faire d'autre car ses troupes étaient toujours moribonde. L'amiral observa attentivement la manière dont la flotte ennemie naviguait. A cinquante contre un, jamais il ne pouvait imaginer vaincre dans un combat frontal. Cependant, avec un peu de stratégie et en jouant sur sa connaissance du découpage de la côte et des îles, il pourrait sans doute avoir l'avantage. L'amiral donna sa première charge au large du port d'Okpo sur l'île de Geoje. Il attira les bateaux japonais derrière sa flottille qui se sépara soudainement en plusieurs directions. Les Japonais s'éparpillèrent en tentant de suivre le mouvement et se désordonnèrent. C'est alors que les marins coréens pugnaces firent volteface et assaillirent un à un les navires japonais. La victoire fut totale.

– Hourra ! hourra ! crièrent les marins d'Yi Sunshin. Le dernier Japonais d'Okpo est mort !

Mais l'amiral Yi ne partageait pas cette liesse. Il savait que cette bataille en présageait bien d'autres. Le port d'Okpo n'était qu'un avant-poste ennemi et les Japonais infestaient encore toute la mer du sud.

Peu de temps après, les premiers cuirassés furent mis à l'eau. Ces larges navires étaient recouverts de plaques blindées et hérissés de piques acérées, leur proue munie d'un fort éperon était surmontée d'une tête de dragon crachant un mélange de fumée de tabac et de soufre. Ainsi ces vaisseaux caparaçonnés avaient tout l'air de dragon-tortues.

서쪽에서는 이순신 장군이 일본 군대의 간첩 활동을 할 감시병 조직을 키웠어요. 새로운 배가 완성되지 않는 한, 장군은 다른 일을 할 수가 없었죠. 그의 군사들도 너무 보잘 것 없었기 때문이였어요. 장군은 항해 중인 적군 함대의 동태를 주의 깊게 관찰했어요. 50대 1로, 정면 전투에서는 절대 승리를 상상할 수 없었어요. 그러나 약간의 전략과, 장군이 알고 있는 해안과 섬들의 지형을 이용한다면 틀림없이 유리할 수 있었죠. 장군은 거제도에 있는 옥포 항구의 먼 바다에서 첫 번째 공격을 했어요. 장군은 일본의 배들을 소형함대로 유인하다가 함대를 갑자기 여러 방향으로 흩어지게 했어요. 움직임을 따라가던 일본의 배들도 흩어져 우왕좌왕하게 되었지요. 바로 그 때, 전투준비가 된 조선의 배가 뒤로 방향을 돌렸고 일본 배들을 하나하나 공격했어요. 완벽한 승리였죠.

"만세! 만세!" 이순신 장군의 병사들은 외쳤어요. "옥포해전의 마지막 일본 놈마저 죽었다!"

그러나 이순신 장군은 이 기쁨을 함께 나눌 수 없었어요. 장군은 이 전투로 다른 많은 전투들이 잇따르게 될 것을 알고 있었기 때문었죠. 그리고 옥포에만 일본의 전초기지가 있는 것이 아니라 그들은 여전히 남해 전역을 휩쓸고 있었어요.

얼마 후, 최초의 철갑선을 바다 위에 띄웠어요. 이 큰 배는 방탄이 되고 가시처럼 뾰족한 창이 붙어 있는 판으로 선체가 덮여 있었어요. 그리고 단단한 충각이 달린 뱃머리는, 담배와 유황 연기를 뿜어내는 용의 머리가 달려 불쑥 솟아 있었어요. 이렇게 철갑을 두른 이 배들은 흡사 용거북처럼 보였지요.

이 거북선들은 사천해전 때 처음으로 사용하게 되었어요. 중갑판에 위치한 노 젓는 병사들은 적군의 화살과 총알의 위험에 노출되지 않았지요. 그래서 병사들은 충돌을 한다 해도 두려움 없이 항해 할 수 있었죠. 위쪽의 등껍질은 적의 사격으로부터 병사들을 보호해 주었고, 적의 시야로부터 병사들을 숨겨주는 동시에, 안에서는 밖에서 벌어지는 일들을 볼 수도 있었어요. 배 옆면 뿐 아니라 앞뒤에도 총안이 있어 어떤 위치에서도 포격을 가할 수 있도록 해 주었어요. 그리고 마지막으로 적군이 배 위로 돌격하는 경우에, 이 침략자들은 예외 없이 거북선을 덮고 있는 뾰족한 침 위로 떨어져 찔리고 말았죠. 사천해전은 왜적을 상대로 큰 승리를 가져다 준 전쟁이었고 거북선의 효력을 증명해 준 전투이기도 했어요.

Ces bateaux-tortues furent utilisés pour la première fois lors de la bataille navale de Sacheon. Les rameurs situés dans l'entrepont n'étaient pas exposés au danger des flèches et des balles ennemies. Ils pouvaient ainsi manœuvrer sans crainte même en cas de collision. La carapace supérieur protégeait les combattants du feu ennemi et les dissimulait à leur vue, alors qu'eux même pouvaient voir tout ce qui se passait à l'extérieur. Des meurtrières sur les flancs mais également en poupe et en proue permettaient aux canons de ces cuirassés de faire feu, quelle que soit leur position. Enfin, en cas d'abordage, les assaillants s'empalaient immanquablement sur les pointes acérées qui recouvraient les bateaux tortues. La bataille de Sacheon fut une autre victoire écrasante contre l'ennemi japonais et prouva l'efficacité des bateaux-tortues.

그 후, 1592년 7월 8일, 한산도 근처에서, 이순신 장군은 전략가 재능을 또 한 번 보여주었어요. 장군은 함장들에게 설명했죠.

"이 섬과 육지 사이의 길목은 특히 비좁고 해초로 가득하다. 가장 가벼운 우리 배 다섯 척이 적을 이 함정으로 유인한다. 그리고 섬 뒤에 매복해 있던 다른 배들이 적함을 둘러싸 전멸시킨다."

공격을 지휘하기 위해 이순신 장군은 북을 이용한 통신 체계를 세웠어요. 그리고 바로 승전 소식이 이 북소리로 울려 퍼졌지요. 그 날, 왜적 군함 77척 중 59척이 침몰되었다고 해요. 1593년 가을, 조선과 연합 관계를 맺은 명나라의 대함대가 원군으로 조선에 와 왜구와의 전쟁을 중지시켰어요. 이순신 장군은 이 전쟁이 끝나려면 아직 멀었다는 것을 알고 있었기 때문에 이 기회를 틈타 무기와 식량을 더 준비했지요.

Puis, le 8 Juillet 1592, aux abords de l'île d'Hansan, l'amiral Yi montra une fois de plus ses talents de stratège. Il expliqua à ses capitaines :

– La passe entre cette île et la terre est particulièrement étroite et encombrée d'algues marines. Cinq de nos bateaux les plus légers attireront l'ennemi dans ce bourbier. Nos autres vaisseaux, cachés en embuscade derrière l'île, les encercleront et les anéantiront.

Pour coordonner l'attaque, l'amiral Yi mit au point un système de communication avec des tambours. Et c'est aux roulements de ceux-ci que résonna la victoire. Ce jour-là, cinquante-neuf des soixante-treize navires ennemis furent envoyés par le fond.

C'est alors que la grande armada de l'empire Ming, allié du Joseon, vint en renfort et marqua, à l'automne 1593, une pause dans le conflit contre les Japonais. Yi Sunshin en profita pour préparer armes et rations de riz car il savait que la guerre était loin d'être finie.

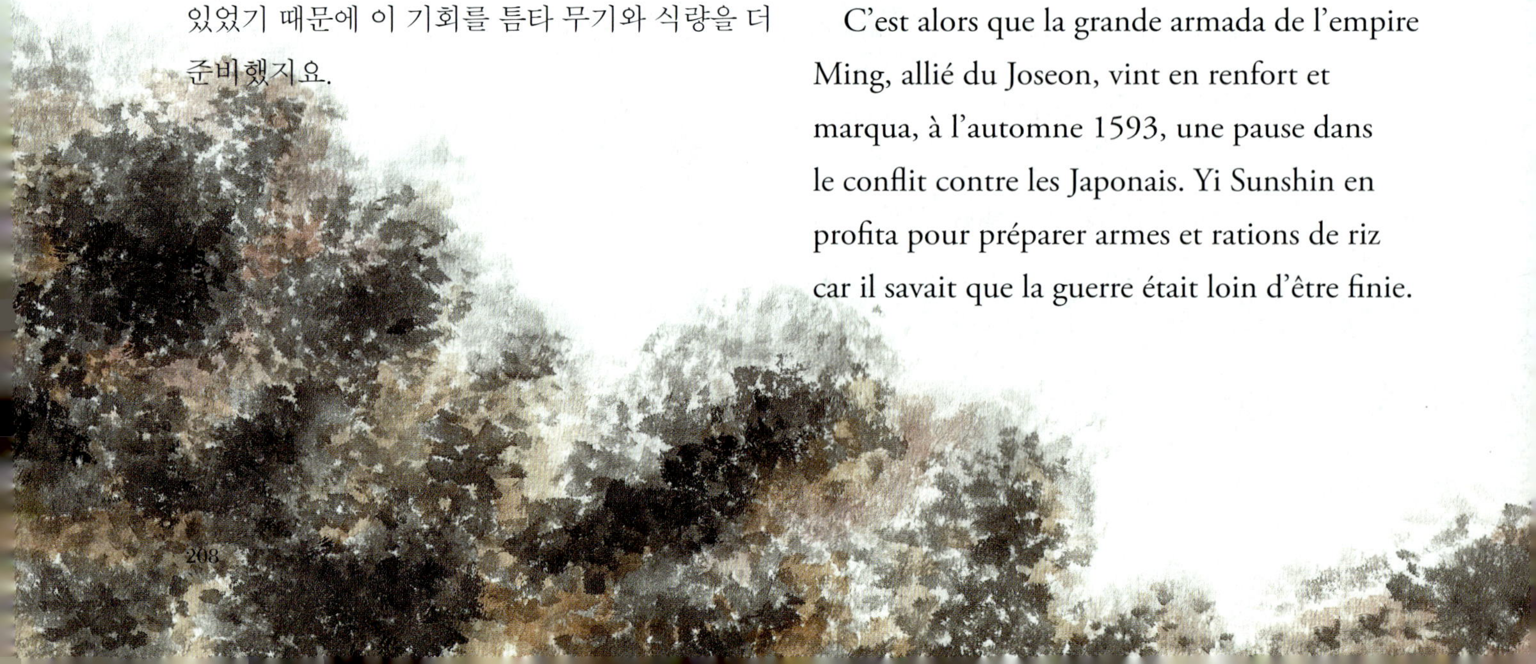

정말로, 몇 달 뒤, 왜구의 배들은 조선수군에게 도전해 왔어요. 임금님은 이순신 장군에게 적을 뒤쫓으라고 명했지요. 하지만 왜놈들의 허술한 함정을 눈치 챈 장군은 어명을 단호하게 거절했어요. 그 직 후, 동인 대신들이 퍼뜨린 반역에 대한 헛소문이 궁궐에 떠돌아, 이순신 장군은 다시 지위를 잃고 감옥에 던져졌죠. 조선 수군은 원균 장군이 맡게 되었어요. 일본인들의 두 번째 공격에서, 적군은 원균 장군을 물속에 수장시켰어요. 이 패배가 가장 가혹했는데 일본 수군이 조선의 배를 전멸시켰기 때문이었죠. 그래서, 이순신 장군은 두 번째로 사면되어 장군의 지위를 되찾고 전쟁터로 되돌아갔어요.

Effectivement, quelques mois plus tard, des bateaux japonais vinrent défier la marine du Joseon. Le roi ordonna à Yi Sunshin de poursuivre l'ennemi. Mais présageant un piège grossier des Japonais, l'amiral Yi refusa net l'ordre du souverain. Aussitôt, la rumeur d'une trahison, fomentée par les ministres de l'Est, courut dans le palais royal et Yi Sunshin fut une nouvel fois dégradé et jeté en prison. La flotte du Joseon fut confiée à l'amiral Wonkyun. Et lorsque les Japonais conduisirent leur seconde offensive, l'amiral Wonkyun fut submergé par les ennemis. La défaite fut plus que cinglante car la marine japonaise détruisit presque la totalité des bateaux du Joseon. Alors, on amnistia une seconde fois Yi Sunshin qui retrouva son poste d'amiral et les batailles navales.

1597년, 정유년 9월 16일, 장군에게 남은 보잘 것 없는 배 12척을 가지고 이순신 장군은 쳐들어오는 일본군의 함대 전체를 상대로 영웅적인 전략을 실행했어요. 장군은 진도와 육지 사이 좁은 길목에 자리를 잡았지요. 물의 흐름이 바뀌기 직전, 왜놈들이 배들이 장군의 배들을 습격할 때 이순신 장군의 배들은 후퇴했어요. 모든 것이 장군의 계획대로 움직였죠. 물의 흐름이 갑자기 반대방향으로 바뀌면서 그 길목에서 엄청난 소용돌이가 부글부글 끓어오르기 시작했어요. 갑자기 왜놈들의 배들은 사납게 몰아치는 파도의 소용돌이 한가운데 놓이게 된 것이었죠. 적군의 배들은 서로 부딪치고 충돌하며 자기들끼리 부수었어요. 그 곳에서 몇 십 미터 떨어진, 길목 밖에서, 잔잔한 바다 위에 있던 이순신 장군의 배들은 그 소용돌이에서 가까스로 도망쳐 나올 수 있었던 몇 척 되지 않은 적의 군함에 폭탄을 날리고 불을 질렀지요. 이 승전을 명량해전이라 부르며, 일본 침략자에게 대단한 충격을 주었어요.

그 다음 해인 1598년, 이순신 장군은, 7년간의 전쟁 중 마지막 해전인 노량해전에서 전사하셨어요. 같은 해 9월, 도요토미 히데요시 영주도 병으로 죽고 말았고요. 조선과 일본 사이의 비극적인 이야기는 이렇게 끝을 맺었지요.

Le 16 septembre de l'année Jeongyu, en 1597, avec les douze malheureux bateaux qui lui restaient, l'amiral Yi Sunshin tendit une embuscade héroïque à l'ensemble de la flotte japonaise venue pour l'écraser. Il se positionna dans une passe entre l'île de Jin et la péninsule. Juste avant le changement de marée, lorsque les vaisseaux japonais fondirent sur eux, les bateaux d'Yi Sunshin se replièrent. Tout fonctionna comme l'amiral YI l'avait calculé. Les courants marins brusquement s'inversèrent, dans la passe, la mer se mit à bouillonner dans de puissants tourbillons. Les navires japonais furent, tout à coup, pris dans la tourmente de flots mugissants. Les bateaux s'entrechoquaient, se percutaient, s'éperonnaient les uns les autres. Alors qu'à quelques dizaines de mètres de là, hors de la passe, la flottille d'Yi Sunshin, sur une mer paisible, canonnait et incendiait les rares vaisseaux ennemis qui arrivaient à sortir de leur nasse. Cette bataille victorieuse porte le nom de bataille de Myeong-Lyang et porta un rude coup à l'envahisseur japonais.

L'amiral Yi Sunshin mourut au champ d'honneur, l'année qui suivit, en 1598, à la bataille navale de Noyang, la dernière de cette guerre. Au mois de septembre de cette même année, le régent Toyotomi Hideyoshi mourut de maladie. Un épisode tragique entre la Corée et le Japon se terminait.

Hanyang (한양) est un des anciens noms de Séoul.

Yangban (양반) est un terme qui désigne une personne appartenant à la noblesse.

La montagne Geumgang (금강산), dont le nom signifie « mont des diamants », se trouve actuellement en Corée du Nord.

Le royaume de Joseon (1392-1910) était un pays vassal de la Chine des Ming (1368-1644). Cette dernière avait notamment aidé le royaume Joseon à combattre les invasions japonaises (1592-1598). A partir de 1627, en Chine du Nord, des zones de rébellion conduite par des Manchous se développèrent. La dynastie mandchoue Qin (1644-1911) renversa définitivement l'empire des Ming à partir de 1644. Mais les Qin envahirent le nord de la péninsule coréenne dès 1636 pour s'assurer la fidélité du royaume Joseon. Affaiblie par les invasions japonaises 40 ans auparavant, et par une situation politique intérieure conflictuelle, le royaume de Joseon finit par s'inféoder à l'empire des Qin en 1637 et envoya son prince héritier en otage à la cours impériale. C'est dans cet épisode historique que notre légende s'ancre.

Seol Jungmae (설중매, 雪中梅), le nom de l'espionne manchoue, signifie : « abricotier dans la neige. »

Le nom coréen de Gye-hwa (계화, 桂花), la servante de Madame Park, signifie : « fleur de laurier »

박 씨 부인 전설
La légende de Madame Park

프랑스어 번역 신인수 Shin In-soo, 김서영 Kim Seo-young
그림 정다정 Jung Da-jung

옛날에, 한국이 '조선'이라는 이름으로 불리던 시절, 그 수도인 한양에 양반 이득춘이 늘그막에 낳은 '시백'이라는 아들이 있었어요. 아버지를 기쁘게 해 드리려고 아들은 특히 기대 이상으로 공부에 재능을 보였지요. 스승님들은 어린 시백에 대한 칭찬을 그치지 않았고 그의 총명함을 찬양했어요. 이득춘은 이를 매우 자랑스럽게 생각했고 아들이 대신이 될 것이라고 생각했죠.

시백의 재능은 많은 사람들의 부러움을 샀어요. 어느 날, 양반 박 씨가 우연히 양반 이 씨의 집에 들르게 되었고 이 씨는 박 씨에게 자신의 아들을 소개했어요. 양반 박 씨는 소년의 뛰어난 총명함을 첫 눈에 알아보았죠.

"아드님이 정말로 훌륭하십니다." 양반 박 씨가 비위를 맞춰 주었어요. "이렇게만 쭉 성장한다면, 대신이 되실겁니다."

"저도 딱 그렇게 생각합니다." 양반 이 씨가 거들먹대며 대답했어요.

"하지만, 성공이 완전해지려면 명문가의 배우자가 필요합니다. 저에겐 상냥하고 행실이 바른 딸이 하나 있습니다. 아드님보다 조금 어리죠. 그 아이는 틀림없이 시백에 걸 맞는 훌륭한 아내가 될 것입니다."

Jadis, lorsque la Corée portait le nom de royaume de Joseon, à Hanyang, sa capitale, le yangban Lee Deuk-chun eut tardivement un fils qu'il appela Sibaek. Pour le bonheur du père, ce fils inespéré se montra particulièrement doué pour les études. Les maîtres ne tarissaient jamais d'éloges pour le jeune Sibaek et louaient son intelligence. Lee Deuk-chun en était très fier et pensait que son fils deviendrait ministre.

Cette réussite attirait bien des convoitises. Un jour, le yangban Park vint rendre visite au yangban Lee qui lui présenta son fils. Le yangban Park reconnut au premier coup d'œil la grande sagesse du garçon.

– Votre fils est vraiment merveilleux, flatta le yangban Park, s'il continue comme ça, il deviendra ministre.

– C'est exactement ce que je pense, répondit, plein d'orgueil, le yangban Lee.

– Mais, pour que son succès soit total, il lui faudrait une épouse de bonne lignée. J'ai moi-même une fille douce et bien élevée. Elle est un peu plus jeune que votre fils. Sans nul doute, elle ferait une excellente épouse pour Sibaek.

양반 박 씨가 진심으로 진지하게 말했기에, 양반 이 씨는 그 제안을 수락했고 두 사람은 자신의 아이들을 결혼시키기로 약속했어요.

이 멋진 결혼은, 양반 박 씨가 살고 있는 강원도의 금강산 산기슭에서 이루어졌어요. 두 약혼자들은 단 한 번도 서로 만나지 못했고, 관습에 따라 결혼식 날에도 하루 종일, 서로의 얼굴을 봐서는 안 되었죠. 신랑은 두개의 막대기에 고정된 커다란 눈 가림천을 눈 앞까지 올려 들고 그 뒤에 숨어야 했어요. 분으로 두 뺨이 범벅이 되고, 입술에 연지를 칠한 신부는 눈을 뜰 수조차 없었죠. 이목구비를 변장시킨 짙은 화장에 눈꺼풀이 들러붙었기 때문이었거든요.

Le yangban Lee trouvait le yangban Park sérieux. Alors, il accepta la proposition et les deux hommes se promirent leur enfant.

Un magnifique mariage fut organisé dans la province du Kangwon, au pied de la montagne des diamants où vivait le yangban Park. Les deux promis ne s'étaient jamais rencontrés, et comme le voulait la coutume, durant toute la journée de la cérémonie, ils ne devaient pas voir le visage de l'autre. Lui se dissimulait derrière un large bandeau de toile fixé à deux baguettes qu'il tenait devant ses yeux. Elle, les joues plâtrées de fard, les lèvres peintes, ne pouvait même pas ouvrir les yeux car l'épais maquillage, qui camouflait ses traits, lui collait les paupières.

결혼식 날 밤, 화장을 지우자 젊은 처자의 진짜 얼굴이 드러났어요.

"아!" 아내의 흉측한 얼굴을 발견한 젊은 시백이 외쳤어요. "대체 당신은 누구시오?"

"저는 당신과 결혼 한 그 박 씨 부인입니다." 부인이 부드럽게 대답했어요.

하지만, 젊은 처자의 부드러운 목소리도 신랑을 설득시키는데 충분하지 않았어요. 불쾌해진, 시백은 밤새도록 부인에게 등을 돌렸지요. 그 다음 날 아침, 시백의 아버지 역시 며느리의 추한 모습에 분개했어요. 하지만, 결혼식까지 다 올린 지금 이제 와서 그가 무엇을 할 수 있었겠어요? 그래서, 부부가 하는 수 없이 한양에 있는 양반 이 씨의 집에 살러 왔을 때, 이득춘은 이렇게 외쳤어요.

"이렇게 흉측한 며느리를 누가 원하겠는가?"

Lors de la nuit de noce, le fard disparu dévoila le vrai visage de la jeune femme.

– Ahhh ! cria le jeune Sibeak en découvrant la figure hideuse de son épouse. Mais qui êtes-vous donc ?

– Je suis cette madame Park que vous avez épousée, répondit-elle doucement.

Cependant, la voix douce de la jeune femme ne suffit pas à le convaincre. Dégouté, il lui tourna le dos toute la nuit. Le lendemain matin, le père du jeune homme fut tout aussi horrifié de la laideur de sa bru. Mais que pouvait-il y faire, maintenant que le mariage était célébré ? Alors, en désespoir de cause, lorsque le couple vint s'installer à la capitale chez le yangban Lee, il s'exclama :

– Qui voudrait d'une belle-fille aussi repoussante ?

그래서, 이득춘은 며느리를 위해 뒷마당 끝에 별채를 짓게 했어요. 그 건물은 가능한 그녀가 보이지 않도록 높은 벽을 둘러쌓았어요.

그러나 박 씨 부인이 주술을 조금 배웠다는 것은 아무도 몰랐어요. 부인은 보통 사람은 놓치는 것을 꿰뚫어 보는 명민한 통찰력이 있었던 것이지요.

그 외에도 박 씨 부인은 소소한 일들을 해서 순식간에 재산을 꽤 모았어요. 예를 들자면, 어느 날 아침, 부인은 늙고 앙상한 말을 한 마리 사들였죠. 그녀의 손길로 정성을 들인 끝에, 겨우 며칠 만에 아무 짝에 쓸모없던 늙다리 말은 왕의 군마와 같은 대담한 풍채를 되찾게 되었어요. 이 짐승을 되팔자 부인에게는 상당한 돈이 생기게 되었어요.

게다가 신랑에게 조금의 앙심도 없었던 박 씨 부인은, 신비한 물병을 준비해서 과거 시험 전 날, 그것을 남편에게 주었어요.

부인이 남편에게 사근사근 말했어요. "먹을 갈 때 이 병의 물을 사용하세요. 그 물이 붓에 영감을 주어서 당신은 가장 멋진 시들을 쓸 거예요."

결과가 나왔을 때, 이시백은 자신이 장원급제 한 것을 알고 몹시 놀랐어요. 하지만, 이시백은 그토록 못생긴 아내에게 별로 감사해 하지 않았지요.

Alors, il fit construire, pour elle, un pavillon au bout de sa propriété, qu'il ceignit d'une haute muraille afin de la voir le moins possible.

Mais personne ne savait que madame Park avait été initiée à la magie, et que, par conséquent, elle était douée d'un esprit pénétrant et subtil, qui la rendait capable d'apercevoir ce qui échappe à la plupart des gens.

Entre autre chose, madame Park se constitua rapidement une petite fortune personnelle en faisant différentes petites affaires. Par exemple un matin, elle acheta un vieux cheval efflanqué. En quelques jours à peine, sous ses mains et à force de soin, la pauvre rosse se retrouva avec la fière allure d'un coursier royal. La revente de la bête lui rapporta une somme plus que rondelette.

Par ailleurs, nullement rancunière vis à vis de son époux, madame Park concocta un flacon d'eau magique qu'elle lui donna la veille du concours pour devenir haut-fonctionnaire.

– Lorsque vous diluerez votre bâtonnet d'encre de chine, lui souffla-t-elle, utilisez l'eau de ce flacon. Elle donnera de l'inspiration à votre pinceau et vous écrirez les plus beaux poèmes qui soient.

Quand les résultats tombèrent, Lee Sibaek lui-même fut stupéfait d'apprendre qu'il avait été reçu premier au concours. Mais, il n'en remercia pas pour autant son épouse si laide.

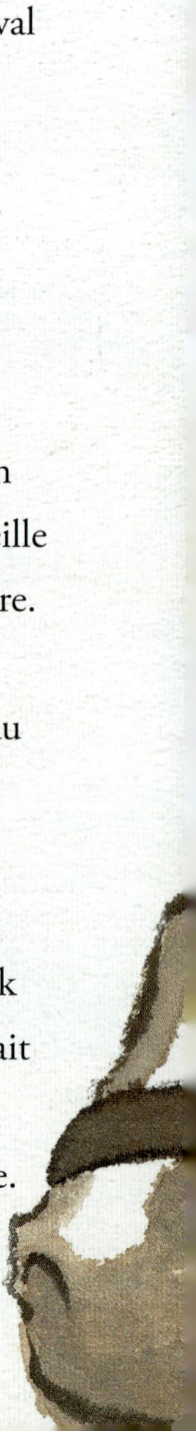

삼년 후, 시아버지 이득춘의 허락을 받아 박 씨 부인은 부모님을 뵈러 떠났어요. 박 씨 부인은 구름을 타고 강원도 금강산에 가는데 삼일 밖에 걸리지 않았지요. 다시 집으로 돌아온 부인은 알아볼 수 없을 만큼 변해 있었어요. 애벌레가 나비가 되듯, 박 씨 부인도 나무랄 데 없이 우아한 미인으로 변신했죠. 깜짝 놀란, 이시백은 과거 자신의 행동을 용서받기 위해 무슨 말을 해야 할지 몰랐어요. 하지만 선량하기만 한 박 씨 부인은 남편을 용서했지요.

"우리의 운명이 방향을 바꿀 날이 왔어요." 부인은 남편에게 꾸밈없이 말했어요. "우리는, 지금까지 감내해 온 대로 운명적인 시련들을 받아들여야 해요."

Trois ans plus tard, avec l'autorisation de Lee Deuk-chun, son beau-père, madame Park partit voir ses parents. Elle grimpa sur un nuage et ne mit que trois jours pour se rendre dans la province du Kangwon, au pied de la montagne de diamant. Quand elle revint, madame Park était méconnaissable. La chenille se transforme en papillon, madame Park, elle, s'était métamorphosée en une femme d'une beauté parfaite et délicate. Ebahi, Lee Sibaek ne sut quoi dire pour s'excuser de son comportement passé. Mais emplie de bonté, madame Park pardonna à son mari :

–Le jour est venu où notre destiné va changer de direction, lui déclara-t-elle simplement. Nous devons accepter les épreuves que la vie nous réserve, comme celles que nous avons subies jusqu'à maintenant.

며칠 후, 왕은 이시백을 외교 사절로 보냈어요. 이시백은 국경도시 남경에서 주둔하고 있는 임경업 대장군과 그의 군대를 수행해야 했지요. 잔인한 만주족의 기습에 피해자가 된 명나라 연합 제국을 돕기 위해서였죠. 능란한 정치인인 시백은 교묘하게 수를 써서 만주족들의 지도자인 호왕의 계획에 훼방을 놓았어요. 호왕은 외교 협상으로 얻을 수 없었던 것을 속임수를 써서 가지려고 했지요. 그래서 호왕은 최고의 여성 첩자였던 미녀 설중매를 불렀어요.

호왕은 명령했죠. "조선으로 가거라. 너의 매력을 이용해서 이시백을 유혹해 그의 머리를 베어라, 그리고 머리를 바구니에 담아 나에게 가지고 오너라."

Quelques jours plus tard, le roi envoya Lee Sibaek en mission diplomatique. Il devait accompagner le grand général Im Gyeong-up et ses troupes en garnisons à la ville frontalière de Nam-Kyeong pour aider l'empire allié des Ming en proie aux raids des cruels Mandchous. Sibeak, en fin politique, manœuvra si habilement qu'il contrecarra les plans du roi Ho, à la tête des hordes mandchoues. Mais ce que le roi Ho n'avait pas pu avoir par les négociations diplomatiques, il allait l'avoir par la ruse. Alors, le roi Ho fit venir à lui la meilleure de ses espionnes, la belle Seol Jung-mae :

– Rends toi au pays Joseon, commanda le roi Ho. Use de tes charmes, et quand tu auras séduit Lee Sibaek, tranche lui la tête, puis rapporte-la-moi dans un panier.

이 첩자는 칼을 갈아서 뱀처럼 국경을 넘어갔어요. 다행히도, 매일 밤, 박 씨 부인은 별을 보며 남편의 운명을 풀어냈지요. 별들을 보며 설중매의 정체를 알아낸 박씨 부인은 딱 제 시간에 이를 알렸고 그 음모는 실패로 돌아갔어요.

"속임수로도 얻어 낼 수 없으니, 힘으로 해야겠다!" 첩자가 빈 바구니를 가지고 중국으로 되돌아 왔을 때, 만주족의 왕은 불평했어요.

"나의 가장 훌륭한 두 장군들, 용 형제를 부르라!"

곧장, 용골대와 용홀대는 왕좌 아래에 머리를 숙였어요.

"전하, 저희가 할 일이 무엇이옵니까?" 장군들이 물었어요.

"나는 조선 왕국을 내 무릎에 놓고 싶다. 자, 여기 십만 병사가 있다! 그리고 잊지 말고 이시백의 머리를 바구니에 넣어 내게 가지고 오거라."

용형제는 칼을 갈아 십만 병사들과 함께 조선을 침략했어요. 그 당시에 박 씨 부인은 밤마다 별을 보며 나라의 운명을 해독했어요. 별을 보고 만주족의 공격이 임박했음을 알아낸 박씨부인은 궁궐로 뛰어갔어요.

"전하, 만주족이 우리나라를 침입할 것입니다. 전하께서는 북쪽에 있는 우리 군대를 더 늘리셔야 하옵니다." 박 씨 부인이 간청했어요.

"여자들이 언제부터 정치에 관심을 두었소?" 대신 김자점이 대답했어요. "임경업 장군이 우리 국경을 지키고 있으니 걱정할 것 없습니다."

L'espionne aiguisa ses couteaux, et tel un serpent, se glissa à travers la frontière. Heureusement, chaque soir, madame Park déchiffrait dans les astres le destin de son mari. Dans les étoiles, elle démasqua Seol Jung-mae. Elle prévint son mari juste à temps et le complot échoua.

– Ce que je n'ai pas eu par la ruse, je l'aurai par la force ! grogna le roi mandchou quand son espionne revint en Chine son panier vide. Qu'on appelle mes deux meilleurs généraux, les frères Yong !

A la minute même, Yong Goldae et Yong Holdae se prosternèrent au pied du trône.

– Qu'y a-t-il pour votre service, majesté ? demandèrent les généraux.

– Je veux mettre le royaume Joseon à mes genoux. Tenez, voilà cent mille soldats ! Et n'oubliez pas de me ramener la tête de Lee Sibaek dans un panier.

Les frères Yong aiguisèrent leurs couteaux, et avec leurs cent mille soldats envahirent le pays Joseon. Cependant, madame Park déchiffrait dans les astres, nuit après nuit, le destin de son pays. Dans les étoiles, elle lut l'imminence de l'attaque mandchoue. Elle se précipita au palais :

– Votre majesté, les Mandchous nous envahissent. Vous devriez renforcer nos troupes dans le nord ! implora madame Park.

– Depuis quand une femme s'occupe-t-elle de politique ? répondit le ministre Kim Jajeom. Le général Im Gyeong-up surveille nos frontières, il n'y a pas lieu de s'inquiéter.

주술사의 충고를 저버리고, 왕은 대신의 말을 들었어요. 만주족들이 나라 안으로 몰려들었죠. 궁지에 몰린 왕은 한양 근처의 남한산성으로 피신을 했어요. 상황은 처참했고, 용형제에게 항복하여 수도의 요충지들을 내주는 것 밖에는 다른 선택이 없었던 것이었죠.

이시백은 박 씨 부인의 별당 높은 담 뒤에 있는 피화당으로 피난했어요. 이시백은 주술사인 부인의 강력한 마법 덕분에 학살을 면했지요. 마법으로, 아무 것도 침해할 수 없는 작고 고요한 공간에 집을 옮겨 놓았던 것이었어요.

그렇지만, 용홀대 만이, 바구니를 채워가겠다는 굳센 의지로, 그 주문을 넘어설 수 있었고, 피화당 담장 안으로 들어갈 수 있었어요. 하지만 장군은 그 저택 안으로 네 발자국을 내딛지 못했어요. 박 씨 부인의 몸종 계화가 그의 심장을 칼로 찔렀거든요.

Délaissant les conseils de la chamane, le roi écouta son ministre. Les Mandchous déferlèrent dans le pays. Le roi acculé se réfugia dans la forteresse de Nam-ham près de Hanyang. La situation était désastreuse et il n'eut d'autre choix que d'offrir sa reddition et les clefs de la capitale aux frères Yong.

Lee Sibaek, lui, trouva refuge à Pi-Hwadang, derrière les hauts murs du pavillon de madame Park. Il avait échappé au massacre grâce aux puissants sortilèges de la magicienne. Les incantations avaient plongé la maison dans un îlot de quiétude que rien ne pouvait altérer.

Cependant, Yong Holdae, et lui seul, put surpasser le charme et pénétra dans l'enceinte du gynécée, avec la ferme intention d'y remplir son panier. Mais le général ne fit pas plus de trois pas dans la demeure. Gye-hwa, une des servantes de madame Park, lui plongea un couteau dans le cœur.

이번에는 동생의 죽음을 안 용골대 장군이 복수를 하기 위해 피화당으로 갔어요. 하지만 그가 도착했을 때, 격렬한 회오리바람이 일고 시커먼 구름이 집을 에워쌌어요. 하늘은 번개로 얼룩졌고 천둥들은 땅을 뒤흔들었죠. 이 모든 것이 박 씨 부인의 마법이었어요. 격노한 용골대가 세 차례나 문에 다가가 외쳤어요.

"나는 만주군 총사령관 용골대다. 내 동생의 시신을 찾으러 왔다."

하지만 세 번 모두 휘몰아치는 소용돌이와 먹구름들이 그를 되돌려 보냈죠. 용골대 장군도 바람과 비에는 대항해 싸울 수 없었거든요. 그래서 패배한 용골대는 그의 대군을 이끌고 만주의 넓은 벌판으로 돌아갔어요. 임경업 장군이 나라의 굴욕을 씻기 위해 그들의 뒤를 쫓으려 했을 때, 조선의 왕은 그에게 그냥 남아있으라고 명했어요. 조선 왕조는 청 왕조와 훗날 중국을 지배하게 되는 만주족에 충성을 맹세했지요.

그 후, 조선의 왕은 박 씨 부인의 명석함에 대해 감사를 표했어요. 부인 덕분에, 상황이 더 악화되는 것을 막을 수 있었던 것이었죠. 그래서, 왕은 그녀에게 많은 금은보화를 주었고. 특히, 충렬부인이라는 명예로운 칭호를 수여했어요.

Apprenant la mort de son frère, le général Yong Goldae se rendit à son tour à Pi-Hwadang pour le venger. Mais quand il arriva, il fut accueilli par un maelstrom de vent furieux et de nuages ténébreux qui ceignait la maison. Les éclairs zébraient le ciel et le tonnerre ébranlait la terre. C'était là toute la magie de madame Park. Par trois fois, Yong Goldae, furieux, s'approcha de la porte et cria :

– Je m'appelle Yong Goldae, général en chef de l'armée mandchoue. Je viens chercher le corps de mon frère.

Mais par trois fois, les éléments déchainés le repoussèrent. Le général Yong Goldae ne pouvait se battre ni contre le vent, ni contre la pluie. Alors, il s'en retourna vaincu, vers les grandes plaines de Mandchourie, emmenant avec lui sa grande armée. Lorsque le général Im Gyeong-up voulut partir à leur poursuite pour laver son pays de l'humiliation, le roi du Joseon lui ordonna de rester en Corée. Le royaume venait de jurer allégeance à la dynastie Qing, à ces Mandchous qui allaient dorénavant gouverner la Chine.

Par la suite, le roi du Joseon remercia madame Park pour sa bravoure et sa lucidité. Grâce à elle, la situation aurait pu être bien pire. Alors, le roi lui offrit un monceau d'or et d'argent et surtout, il lui octroya le titre honorable de fidèle-forte.

Sukjong (숙종, 肅宗) (7 octobre 1661- 12 juillet 1720) était le 19ème roi de l'ère Joseon. Il a régné de 1674 à 1720.

Les *daimyō* étaient des seigneurs féodaux au japon du Xème à la première moitié du XIXème siècle.

Le shōgun est, dans cette histoire, le réel chef politique et militaire du japon, l'empeur n'ayant qu'un pouvoir symbolique

Edo était nom de la capitale du japon entre 1603 et 1868

안용복 전설
La légende d'Ahn Yongbok

프랑스어 번역 이중재 Lee Joong-jae, 이제혁 Lee Je-hyuk
그림 Marcela Dvořáková

숙종 시대에, 안용복이라는 청년이 살았어요. 안용복은 양반 출신이 아니었음에도, 좋은 교육을 받았지요. 무엇보다, 일본어를 배웠고 또 훌륭한 선원이기도 했어요. 그래서 40여명의 어부들은 자신들을 울릉도까지 안내해 달라고 부탁하려고 안용복을 만나러 왔어요.

"이 섬 주변에는 물고기가 매우 많지만 이곳의 바다는 대게 성질이 고약하지요. 우리에겐 훌륭한 항해사가 필요해요." 어부들이 말했어요.

선장 일에 대한 보수에 대해 합의한 후, 고기잡이배들은 동해안에서 65해리 쯤 떨어진 울릉도로 향했어요. 섬을 떠난 지 얼마 되지 않았을 때, 그물을 던지는 일본 어선들을 보고 놀랐죠.

"당신들 여기서 뭐하는 거요?" 안용복이 일본어로 외쳤어요. "이 바다가 조선의 것임을 당신들은 모르시오?"

"당신들이 상관할 바 아니오!" 일본사람들은 그렇게 대꾸했어요. "우린 여기 늘 오는 곳인데 계속 방해한다면, 당신들을 내쫓는 수가 있지." 그들은 자신들의 단검을 내보이면서 빈정댔어요.

A l'époque du roi Sukjong, vivait un jeune homme appelé An Yongbok. Bien qu'il ne fût pas de noble naissance, il avait reçu une bonne éducation. Entre autres choses, il avait étudié le japonais et il était excellent marin. C'est pour cette dernière raison, qu'un groupe de quarante pêcheurs vint le voir pour qu'il les guide jusqu'à l'île d'Ulleung :

– Les eaux qui bordent cette île sont très poissonneuses mais la mer y est souvent mauvaise. Nous avons besoin d'un bon navigateur, dirent les pêcheurs.

Après s'être mis d'accord sur la rémunération pour ses services de capitaine, les bateaux de pêche mirent le cap sur Ulleung, à près de soixante-cinq milles nautiques de la côte est. Quand ils ne furent plus qu'à quelques encablures de l'île, ils eurent la surprise de voir des jonques japonaises jetant leurs filets.

– Que faites-vous là ? cria Lee Yongbok en japonais. Ne savez-vous pas que ces eaux appartiennent au Joseon ?

– Occupez-vous de vos affaires ! lui répondirent les Japonais. Nous avons nos habitudes ici. Et si vous nous dérangez davantage, nous avons les moyens de vous chasser, ricanèrent les marins japonais en montrant leur poignard.

하지만, 안용복은 위협에 넘어가지 않았고, 그들은 주먹을 휘두르게 되었지요. 숫자도 많고 무장이 잘 되어 있던 일본 사람들은 조선인들의 배를 나포했고 조선인들은 그들의 포로가 되었어요. 안용복과 어부들은 오키섬 지방의 영주 앞에 끌려가 해명을 하게 되었죠.

"울릉도는 조선 왕국의 것입니다." 안용복이 격렬하게 주장했어요. "당신 나라의 어부들이 국경을 침입했고 우리 바다에서 고기도 잡았습니다. 결국 우리를 포로로 만들기까지 했습니다. 만약 이 일이 외교 문제로 발전된다면 당신 생각에는 누가 비난을 받겠습니까?"

포로의 당당함에 당황한 영주는 겁을 먹었어요. 영주는 미안하다고 웅얼거리며, 일본 어부들을 벌할 것을 약속했고, 일왕에게 이 사건의 자세한 사항들을 모두 전했지요. 일왕의 답변이 도착했을 때, 영주는 안용복을 불렀어요.

"천황께서, 일본인들이 더 이상 조선 영토에 침입하지 않을 것임을 명시한 문서를 보내주셨소." 영주는 종이 두루마리를 내밀며 말했어요. "이제 당신네 나라로 돌아가도 좋소."

Mais An Yongbok ne se laissa pas intimider et ils en vinrent aux mains. Plus nombreux et mieux armés, les Japonais eurent tôt fait de capturer le bateau des Coréens qui se retrouvèrent prisonniers. On les conduisit devant le daimyō de la province de Hoki pour qu'ils s'expliquent.

– L'île dUlleung appartient au royaume de Joseon, plaida avec véhémence An Yongbok. Vos pêcheurs ont violé la frontière et pêché sur nos eaux. Enfin, ils nous ont fait prisonniers. Qui, selon-vous, sera blâmé si cette affaire devient un incident diplomatique ?

Le daimyō, interloqué par l'audace de son prisonnier, prit peur. Il marmonna des mots d'excuses, promit de punir les pêcheurs japonais et transmit au shōgun tous les détails de l'incident. Quand la réponse du shōgun arriva, le daimyō convoqua An Yongbok :

– Le shōgun nous a envoyé un document stipulant que les Japonais ne violeront plus jamais le territoire de Joseon, dit le daimyō en lui tendant le rouleau de papier. Vous pouvez retourner dans votre pays.

안용복은 자신이 국익을 지켜낸 것이 자랑스러웠어요. 하지만 안용복이 조선에 발을 딛자마자, 조정은 공적은 무시한 채 그를 체포했고, 모든 조선인들이 허가 없이 일본에 가는 것을 금지하는 법을 안용복이 어겼다는 죄목으로 태형이 내려졌어요. 그러나 숙종은 일본 어부들이 울릉도의 해안에서 고기를 잡으러 왔었다는 소식을 알게 되었죠. 그래서 이 사건을 분명히 밝히기 위해, 숙종은 동인 파 한 명, 사인파 한 명, 이렇게 두 명의 외교관을 일왕의 궁궐로 보냈어요.

일왕은 자신이 안용복에게 문서로 써 준 내용을 다시 한 번 확인했어요.

"나는 조선과 문제가 생기는 것을 원하지 않소." 일왕은 외교관들에게 근엄한 목소리로 말했어요. "이제부터 모든 일본 배에게 이 섬 주변에서의 고기잡이를 허락지 않을 것이오."

An Yongbok était fier d'avoir défendu les intérêts de son royaume. Mais dès qu'il posa le pied au Joseon, le gouvernement ignora son exploit, le fit arrêter et le condamna au supplice de la bastonnade pour avoir violé la loi qui interdisait à tous les Coréens de se rendre au Japon sans autorisation. Néanmoins, le roi du Joseon était maintenant informé que des pêcheurs japonais étaient venus jeter leurs filets sur les rivages de l'île d'Ulleung. Alors, pour clarifier cette situation, il envoya, à la cour de l'empereur du Japon, deux diplomates, un de la faction politique de l'Est et un de l'Ouest.

Le shōgun confirma une nouvelle fois, ce qu'il avait écrit à An Yongbok :

– Je ne veux aucun problème avec le royaume du Joseon, dit-il d'une voix grave aux ambassadeurs. Désormais, aucun bateau japonais ne sera autorisé à pécher près de cette île.

C'est ainsi que le shōgun et les ambassadeurs du Joseon se mirent d'accord sur la pêche dans les eaux maritimes coréennes. Ces dernières englobaient l'île d'Ulleung et s'étendaient même au-delà, jusqu'à l'île de Dok, à quarante-sept mille nautiques vers l'Est. La situation semblait maintenant résolue.

Mais quand An Yongbok fut remis de son supplice, il rassembla trente-deux bateaux de pêche pour organiser une expédition à l'île d'Ulleung. Là, encore une fois, il surprit des Japonais en train de pêcher.

– Encore vous ! gronda An Yongbok. Le shōgun n'a-t-il donc pas ordonné que les Japonais ne pêcheraient plus jamais ici ?

– Nous n'en avons jamais entendu parler, répondirent les marins nippons.

– Puisque c'est ainsi, allons en discuter avec le daimyō de la province de Hoki qui m'a remis les documents officiels, répliqua An Yongbok.

그렇게 해서 일왕과 조선 외교관들은 조선 영해 내의 고기잡이에 관한 협정을 맺었어요. 조선 영해는 울릉도를 포함해서, 그 너머, 동쪽으로 47해리 떨어진 독도까지 확장되었지요. 상황은 이제 해결된 것처럼 보였어요.

하지만, 안용복은 형벌을 받은 후, 32척의 어선을 모아 울릉도 원정을 준비했어요. 거기서 또 한 번, 안용복은 조업 중이던 일본인들을 적발하게 되었죠.

"또 너희냐!" 안용복이 외쳤어요. "일본인들은 이곳에서 낚시질을 절대로 할 수 없다고 일왕이 명하지 않았느냐?"

"우린 그런 말을 들어본 적이 없소." 일본 어부들이 대답했어요.

"이렇게 된 이상, 나에게 공문을 건네주었던 오키섬 지방의 영주에게 가서 이야기를 좀 해야겠구나." 안용복은 응수했어요.

C'est ainsi qu'An Yongbok retourna à Hoki où il se plaignit au daimyō. Il était si audacieux et paraissait si imposant, que le daimyō crut qu'An Yongbok était un haut fonctionnaire du Joseon.

– Savez-vous que vos pêcheurs jettent toujours leurs filets autour de l'île d'Ulleung ? se plaignit An Yongbok.

– J'en ai été informé, répondit le daimyō. De toute façon, ce n'est pas de mon ressort, c'est le daimyō de l'île Tsushima qui a la responsabilité de toutes les négociations diplomatiques. Mais selon moi, l'avis d'interdiction n'a pas encore été rendu public.

– Faudra-t-il que j'y aille moi-même ? récrimina An Yongbok.

– Non, je ne crois pas que cela soit nécessaire, nous allons dépêcher des coursiers.

Des messagers furent immédiatement envoyés à Edo pour en informer l'empereur qui, à son tour, convoqua le daimyō de Tsushima.

– On me rapporte qu'un fonctionnaire du Joseon, appelé An Yongbok, raconte que tu n'as pas fait ton travail. Qu'as-tu à répondre à cela ? demanda le shōgun.

– An Yongbok ? ... An Yongbok ? répéta le daimyō interloqué. Je n'ai jamais entendu ce nom, ce n'est sûrement pas un émissaire du Joseon. Et si ce n'est pas un fonctionnaire officiel, nous ne devrions pas tenir compte de sa requête.

– Dans ce cas, répondit le shōgun, renvoyons-le dans son pays.

An Yongbok et les pêcheurs furent chassés du Japon sans avoir pu résoudre le problème des îles d'Ulleung, ni de Dok à quelques milles plus loin. Et lorsqu'on rapporta au roi Sukjong qu'An Yongbok était retourné, sans permission, au Japon, il ordonna qu'on le bastonnât à nouveau et qu'on le jetât en prison. Pendant son supplice, An Yongbok criait :

– Tout ce que j'ai fait, je l'ai fait pour mon pays !

안용복은 그렇게 오키섬으로 돌아가 영주에게 항의를 했어요. 그가 매우 대담하고 위엄 있게 보였기 때문에, 영주는 안용복이 조선의 고위 관리라고 생각했죠.

"당신 나라의 어부들이 여전히 울릉도 주위에서 그물을 던지는 것을 알고 있소?" 안용복은 항의했어요.

"소식은 들었습니다만" 영주가 대답했어요. "이건 제 권한이 아닙니다. 그건 모든 외교 협상에 책임을 맡고 있는 쓰시마 섬 영주의 권한이지요. 제 생각엔 금지 공고가 아직 발표되지 않은 것 같습니다."

"내가 거기로 가야한다는 거요?" 안용복이 항의했어요.

"아니, 그러실 필요는 없습니다. 저희가 서둘러 심부름꾼을 보내지요."

전령들은 곧장 도쿄로 가 일왕에게 그 소식을 알렸고 이번엔 일왕이 쓰시마 섬의 영주를 소환했어요.

"안용복이라는 조선의 한 관리가 자네가 일을 하지 않는다고 했다는 소리를 들었네. 여기에 할 말이 있는가?" 일왕은 물었어요.

"안용복? 안용복이라 하셨습니까?" 당황한 영주는 재차 되물었어요. "저는 그런 이름을 한 번도 들어본 적이 없습니다. 안용복은 분명히 조선의 밀사가 아닙니다. 공식적인 관리가 아니니, 우리가 그의 요구에 신경 쓰지 않아도 될 것입니다."

"그렇다면 안용복을 조선으로 되돌려 보내자." 일왕은 대답했어요.

안용복과 어부들은, 울릉도 문제도, 몇 해리 떨어져 있는 독도 문제도 해결하지 못하고 일본에서 추방되었지요. 안용복이 허가 없이 일본에 갔다가 돌아왔다는 소식을 전해들은 숙종은 또 다시 태형을 내리고 투옥시킬 것을 명했어요. 형벌을 받으며, 안용복은 이렇게 외쳤죠.

"제가 한 일은 모두 우리나라를 위한 것이었습니다!"

며칠 후, 안용복은 탈출에 성공했지만 그다지 멀리 가지는 못했어요. 다시 붙잡히고 만 것이죠. 그 사이, 이 이야기는 몇몇 대신들의 귀에 들어갔어요. 그래서 숙종이 안용복에게 사형 선고를 생각하고 있을 때, 대신들의 의견은 서로 엇갈렸어요.

"전하, 이 자는 법을 어겼으니 벌을 받아 마땅합니다." 라는 소리가 동인 쪽에서 들려왔어요.

"전하, 그것이 사실이기는 하나, 그 놈이 나라를 생각한 일이오니 사형은 지나치십니다." 서인들이 속삭였어요.

"전하, 그 놈은 양반이 아닌데도 조선의 밀사 행세를 했습니다." 동인들은 중얼댔지요.

"전하, 그렇긴 하지만, 애국심은 확실히 놀랍습니다." 서인들이 노래하듯 말했어요.

결국 안용복은 사형을 면했지만, 제주도로 귀양살이를 가게 되었어요. 그 다음 해에, 조선 외교관들은 이 문제들을 더 분명히 하기 위해 일본으로 다시 갔어요. 그리고 6년 뒤에, 일본은 울릉도와 독도가 분명히 조선의 영토임을 인정하는 공문을 보냈지요.

안용복은, 죽는 날까지 유배지에 있었지만, 마음속에 조국에 대한 사랑을 영원히 간직했어요. 그의 애국심은 한참 후에서야 후세에 이름을 남기게 되었지요.

Quelques jours plus tard, An Yongbok réussit à s'échapper mais il n'alla pas bien loin, car il fut capturé à nouveau. Entre temps, ses arguments étaient tombés dans l'oreille de certains ministres. Alors, quand le roi Sukjong songea condamner à mort An Yongbok, des voix se contredirent :

– Votre majesté, cet homme a violé la loi, il doit être puni, pouvait-il entendre à l'Est.

– Sans doute, votre Majesté, mais ce pauvre bougre pensait à son pays, la peine capitale est trop sévère, susurrait-on à l'Ouest.

– Votre majesté, le coquin s'est passé pour un émissaire du royaume, alors qu'il n'est pas noble, marmonnait-on à l'Est.

– Certes, votre majesté, mais son patriotisme est remarquable, chantonnait-on à l'Ouest.

En fin de compte, An Yongbok échappa à la peine de mort, mais il fut déporté sur l'île de Jeju. L'année suivante, les diplomates du Joseon retournèrent au Japon pour clarifier les choses. Et six années plus tard, le Japon envoya un document officiel reconnaissant que les îles d'Ulleung et celle de Dok faisaient bien parties du territoire du Joseon.

Quant à An Yongbok, il resta en exil jusqu'à la fin de ses jours, mais il garda dans son cœur un amour éternel pour son pays. Bien plus tard, il passa à la postérité pour son patriotisme.